Hicham EL MENZHI

Les eaux troubles de la personnalité

Hicham EL MENZHI

Les eaux troubles de la personnalité

Éditions Vie

Imprint

Cover image: www.ingimage.com

Publisher:
Éditions Vie
is a trademark of
Dodo Books Indian Ocean Ltd. and OmniScriptum S.R.L publishing group

120 High Road, East Finchley, London, N2 9ED, United Kingdom
Str. Armeneasca 28/1, office 1, Chisinau MD-2012, Republic of Moldova, Europe
Managing Directors: Ieva Konstantinova, Victoria Ursu
info@omniscriptum.com

Printed at: see last page
ISBN: 978-620-8-87699-9

Les eaux troubles
de
la personnalité
HICHAM EL MENZHI

Sommaire

Pourquoi un ebook sur les troubles de la personnalité ?

Les troubles de la personnalité sont souvent méconnus, mal compris, et parfois stigmatisés. Pourtant, ils touchent un nombre significatif de personnes, qu'elles en soient directement affectées ou qu'elles côtoient quelqu'un qui vit avec ces défis intérieurs. Ces troubles ne définissent pas la personne dans son intégralité, mais influencent profondément sa façon de ressentir, de penser, et d'interagir avec le monde.

Écrire un ebook sur ce sujet, c'est d'abord chercher à démystifier ces réalités complexes. C'est offrir un espace de connaissance clair, accessible, où l'on peut comprendre les mécanismes psychologiques derrière ces comportements, sans jugement ni simplification abusive.

Mais c'est aussi un acte de compassion et d'empathie. Donner des mots à ce qui peut sembler chaotique, aider à reconnaître ces troubles non pas comme des faiblesses, mais comme des facettes d'une humanité souvent blessée, souvent en quête de sens.

Par ailleurs, cet ebook vise à encourager l'acceptation de soi et des autres, en montrant que la personnalité est un univers riche, parfois tumultueux, où coexistent forces et vulnérabilités. Comprendre ces troubles, c'est ouvrir la porte à des relations plus sincères, à des soins mieux adaptés, et à un mieux-être durable.

Enfin, dans une époque où la santé mentale commence à sortir de l'ombre, cet ouvrage souhaite apporter sa pierre à un dialogue essentiel, en combinant approche scientifique, témoignages, et parfois même une touche de poésie ou de récit pour toucher aussi bien la tête que le cœur.

En somme, écrire sur les troubles de la personnalité, c'est tendre une main à ceux qui se sentent perdus dans leurs propres eaux troubles, et offrir un guide pour naviguer ces profondeurs avec courage et lumière.

Préface

Il est des voyages qui ne se mesurent pas en kilomètres, mais en profondeurs explorées. Des quêtes qui ne cherchent pas à conquérir des terres lointaines, mais à dévoiler les territoires cachés de l'âme. Les eaux troubles de la personnalité est l'un de ces récits.

À travers les pas d'Elandor, jeune initié à l'Académie des mystères, nous sommes conviés à une aventure intérieure où chaque ombre a son éclat, chaque doute sa raison d'être, et chaque peur un message à transmettre. Ce livre nous rappelle que notre personnalité n'est pas un puzzle parfait à assembler, mais un océan vaste et changeant où cohabitent lumière et obscurité.

Inspiré par la magie des univers fantastiques et les sagesses anciennes de la psychologie et de la spiritualité, ce récit vous invite à embrasser ce qui fait de vous un être unique : vos eaux troubles. Il célèbre la vulnérabilité comme une force, la complexité comme une richesse, et la transformation comme une promesse toujours renouvelée.

En ouvrant ces pages, préparez-vous à vous aventurer au-delà des apparences, à écouter les murmures de vos profondeurs, et à découvrir, peut-être, que le véritable enchantement réside dans l'acceptation de soi.

Que cette lecture soit pour vous un phare dans la nuit, un compagnon fidèle sur le chemin sinueux de la connaissance de soi, et une source inépuisable de sagesse.

Bienvenue dans l'Académie des mystères.

L'Auteur

Introduction

Au cœur de chaque être humain coule une rivière secrète, invisible aux regards distraits, mais puissante et profonde. Cette rivière, ce sont nos émotions, nos peurs, nos forces cachées, nos failles et nos mystères. Elle est à la fois un refuge et un champ de bataille, un miroir où se reflète la complexité de notre personnalité.

Les eaux troubles de la personnalité vous invitent à plonger dans cet univers intérieur, à explorer les méandres obscurs et lumineux qui façonnent qui nous sommes vraiment. À travers le voyage d'Elandor, jeune initié à l'Académie des mystères, vous découvrirez comment affronter vos propres ombres, apprivoiser vos doutes, et faire naître une lumière nouvelle au creux de vos profondeurs.

Ce récit, à la croisée du fantastique et de la quête initiatique, puise son inspiration dans la magie et la poésie des mondes enchantés. Il vous convie à une aventure intime, où chaque épreuve devient une clé, chaque rencontre un enseignement, et chaque doute une porte vers la transformation.

Dans un style évocateur et mystérieux, proche de l'univers d'Harry Potter, ce livre vous accompagne pas à pas dans la découverte de vos "eaux troubles" : ces parts d'ombre et de lumière qui composent votre personnalité et votre humanité.

Préparez-vous à franchir les portes de l'Académie, à semer la graine d'Absolu, à traverser les ombres, et à réveiller la sagesse qui sommeille en vous. Car c'est en acceptant pleinement nos eaux troubles que nous devenons capables d'embrasser notre vérité et de rayonner.

Bienvenue dans cette aventure au cœur de vous-même.

Chapitre 1 : La Porte des Reflets

Il y avait, au fond de la bibliothèque interdite de Vermeil-Cendre, une porte dont personne ne parlait.

Pas qu'on l'ignorait vraiment. Au contraire, elle attirait les regards comme une étoile noire dans un ciel sans lune. Mais les élèves, même les plus téméraires, évitaient soigneusement de s'en approcher. D'abord, parce qu'elle était vieille. Vraiment vieille. Du genre de bois qui semblait murmurer dans une langue oubliée, avec des ferrures tordues comme des serpents endormis. Et puis, il y avait les reflets.

Ce n'étaient pas des reflets normaux. Pas ceux qu'on voit quand on passe devant une vitre. Non, ceux-là étaient vivants. Ils bougeaient, même quand vous restiez immobile. Ils souriaient parfois. Mais jamais au bon moment.

Elandor Briseval, treize ans, préfet de première année, portait une obsession étrange pour les choses dont il fallait se méfier. Et plus on lui disait de ne pas faire quelque chose, plus il sentait son cœur y courir comme un renard vers un piège.

C'est ainsi qu'un soir d'orage, le genre de nuit où même les statues du couloir préfèrent détourner les yeux, il se glissa hors du dortoir des Ombrelois avec, pour seule lumière, la lueur bleue de sa baguette et un vieux grimoire sous le bras.

Il passa devant les rayonnages en silence, évitant les regards insistants des livres animés. Certains tentaient de lui mordiller les manches. Un ouvrage particulièrement volumineux, "L'Encyclopédie des Âmes Instables", éternua une volée de poussière quand il le frôla. Mais il ne s'arrêta pas. Il arriva devant la Porte.

Elle était encore plus étrange de près. Sculptée dans du bois noirci aux veines rouges, elle semblait respirer. Comme si elle avait ses propres pensées, sa propre mémoire. Elandor tendit la main. Tu ne devrais pas, chuchota une voix.

Il se retourna vivement. Personne. Seulement, un ombre glissant lentement entre deux rayonnages. C'est pour ça que je dois, murmura-t-il. Il posa ses doigts sur la poignée. Froide. Trop froide.

Un frisson remonta son bras jusqu'à sa nuque. Verum meum ostende, prononça-t-il d'une voix tremblante. La porte s'ouvrit. Lentement. Comme si elle hésitait.

Derrière, pas de pièce. Pas de mur. Rien qu'un miroir immense, encastré dans une pierre crayeuse. Il s'étendait du sol au plafond, couvert de symboles mouvants. Et son propre reflet. Ce n'était pas lui. Pas tout à fait.

Le garçon dans le miroir avait ses yeux, oui, mais pas la même étincelle. Son sourire était trop assuré. Ses épaules, droites comme un roi. Et surtout, il n'avait pas l'air d'avoir peur.

Qui es-tu ? demanda Elandor. Le reflet inclina la tête, puis leva une main. Et parla. Je suis ce que tu caches. Elandor recula d'un pas. Ce que tu refuses d'être, poursuivit le miroir.

Les murs de pierre grincèrent. L'air s'épaissit, chargé de quelque chose d'indicible. De mémoire ancienne. Et le miroir, dans un murmure à peine audible, ajouta : Viens. Approche. Il est temps de voir les eaux troubles de ta personnalité.

Chapitre 2 : Le Sortilège du Soi

Le lendemain matin, Elandor avait le visage pâle comme un parchemin vierge. Il s'était retiré de la salle interdite à l'aube, les jambes molles et l'esprit envahi par une voix qui n'était pas tout à fait la sienne. Le miroir, ou ce qu'il contenait, avait gravé quelque chose en lui. Un frisson ancien, tapi entre ses côtes. Il ne comprenait pas encore ce qu'il avait vu, mais il savait qu'il ne rêvait pas.

Au petit-déjeuner, il évita les regards de ses camarades, surtout celui d'Azelia, qui percevait les émotions comme d'autres perçoivent les odeurs. Elle plissa le nez en le voyant. Quelque chose est différent chez toi, murmura-t-elle. Ça sent le fer chaud et les secrets trop lourds.

Elandor se contenta d'un grognement. Comment pouvait-il lui expliquer ce qu'il avait vu ? Comment raconter que son reflet parlait et prétendait être l'autre lui ?

Heureusement, le cours du matin promettait de détourner son attention : Âme-Logie, avec la redoutable professeure Seraphima Varn. L'une des rares matières de l'académie à mêler magie, philosophie et peur pure.

La salle était étrange. Circulaire, sans pupitres. Les élèves s'asseyaient en rond sur des coussins violets, au centre d'un cercle de sel enchanté. Des lampes à huile pendaient du plafond, projetant des ombres dansantes sur les murs tapissés de miroirs opaques.

Aujourd'hui, annonça Seraphima en entrant dans la pièce comme une lame glissant hors d'un fourreau, nous parlons du Sortilège du Soi.

Un murmure inquiet parcourut la classe. C'est un ancien rituel, poursuivit-elle, utilisé uniquement par les Mirobscurs les mages qui osaient plonger dans les profondeurs de leur propre être. Le sortilège révèle les strates cachées de votre personnalité, comme on épluche un fruit maudit.

Elle leva une baguette longue et noire, puis d'un mouvement élégant, traça dans l'air une série de glyphes lumineux. Intra me specta. Faciem tuam ostende.

Un miroir flotta depuis le mur jusqu'au centre du cercle de sel. Qui veut tenter ? demanda-t-elle, en posant un regard perçant sur chacun. Silence.

Puis, Elandor leva la main. Il ne savait pas pourquoi. Peut-être voulait-il comprendre. Peut-être espérait-il prouver à lui-même qu'il n'avait pas rêvé. Peut-être le miroir l'appelait encore. Très bien, Briseval, fit Seraphima. Approche.

Il s'installa devant le miroir suspendu. Celui-ci semblait vibrer, comme s'il reconnaissait sa proie. Prononce la formule. Elandor inspira. Intra me specta. Faciem tuam ostende.

Le miroir gronda doucement. Une brume s'y forma. Puis une silhouette apparut. Encore lui. Mais pas le lui d'hier soir.

Cette fois, le reflet était recroquevillé, le regard hanté, les mains serrées autour d'un objet invisible. Il murmurait quelque chose en boucle. Il m'a vu, il m'a vu, il m'a vu. Seraphima fronça les sourcils. Fascinant. Vous avez brisé la première couche si vite. Ce garçon-là est le Porteur du Refus. Il incarne ce que vous n'osez pas reconnaître. Je ne comprends pas.

Et c'est justement pour cela qu'il existe, Briseval. Le Sortilège du Soi n'invente rien. Il ne fait que montrer. À vous de vouloir voir. Le miroir éclata soudain en une pluie de verre suspendue dans l'air. Chaque éclat reflétait un fragment de lui : rires, colères, envies, terreurs.Et tous les éclats chuchotaient son nom.

Chapitre 3 : Les Trois Masques de la Vérité

Cette nuit-là, Elandor rêva. Mais ce n'était pas un rêve ordinaire. C'était un rêve comme un couloir vivant, tapissé de symboles mouvants, où chaque pas résonnait comme un battement de cœur arraché à une horloge ancienne. Il marchait, pieds nus, sur un sol de brume solide. Devant lui, une porte, encore une. Décidément, les portes le poursuivaient.

Celle-ci était faite d'os. Trois masques y étaient suspendus. Le premier, doré et éclatant, arborait un sourire fier et des yeux plissés de bravoure. Le deuxième, gris et fendu, semblait pleurer sans larme, rongé de doutes. Le dernier était blanc. Lisse. Sans bouche, ni nez, ni regard. Un masque vide.

Une voix surgit de nulle part. Elle ressemblait à celle du miroir mais plus ancienne encore. Comme si le rêve lui-même parlait. Trois masques. Trois vérités.

Elandor leva la main. Le premier masque s'illumina. Le Masque du Courage. Il le plaça sur son visage. Aussitôt, le décor changea.

Il se vit, dans une version de lui-même qu'il n'avait jamais connue : debout devant ses camarades, la voix forte, défiant un professeur injuste, protégeant les plus faibles. Il était charismatique, sûr de lui, un meneur. Et pourtant, il sentit un vide au fond de la poitrine. Un gouffre que ni l'audace ni l'applaudissement ne pouvaient combler.

Le masque du courage dissimule la peur d'être invisible, murmura la voix.
Il l'ôta. Le deuxième s'activa. Le Masque du Doute.

Soudain, il était seul, recroquevillé sur une chaise, les mains sur les tempes, hésitant à chaque parole, à chaque geste. Il revivait les moments où il n'avait rien dit, rien fait, par peur de se tromper. Il entendait toutes les voix intérieures : "Et si tu échoues ? Et si tu n'es pas assez ? Et s'ils voient à travers toi ?"

Le masque du doute protège la vérité d'un esprit trop lucide, dit la voix. Trop lucide pour oser. Il enleva le deuxième masque à contrecœur. Restait le dernier.

Le Masque Sans Visage. Quand il le posa, il ne vit plus rien. Plus d'espace. Plus de rêve. Plus d'identité. Il était une brume. Un soupir. Un rien. Et pourtant, il y avait quelque chose. Une présence. Quelqu'un qui l'observait. Quelqu'un qu'il ne voulait pas nommer. Puis il comprit.

Ce masque, c'était lui. Pas une version de lui. Lui. Sans artifice. Sans façade. Sans rôle. Une existence brute. Trop nue pour être montrée. Trop profonde pour être pensée. Il tomba à genoux, pris d'un vertige absolu.

Et la voix conclut : Tu n'es pas un masque, Elandor Briseval. Mais les masques que tu portes ont chacun un rôle à jouer. Ignore-les, et tu te perdras. Dévoile-les trop vite et tu te briseras.

Quand il se réveilla, son oreiller était humide de larmes qu'il ne se rappelait pas avoir versées. Au pied de son lit, posés en silence, il trouva trois objets. Un fragment d'or. Un éclat de verre fissuré. Et une plume blanche, sans poids.

Il les rangea précieusement. Car il savait qu'ils ne venaient pas d'un rêve.

Chapitre 4 : Les Ombres de l'Égo

Depuis le rêve des Trois Masques, Elandor n'était plus tout à fait le même. Il marchait dans les couloirs de l'Académie Vermeil-Cendre comme s'il portait une cape invisible tissée de pensées. Il voyait les gens différemment. Leur démarche, leurs regards, les silences entre deux mots, tout lui semblait soudain chargé d'intentions cachées, d'ombres subtiles.

C'était comme si le miroir avait réveillé une lampe à l'intérieur de lui. Une lumière crue. Une lumière qui ne pardonnait rien. Un soir, alors qu'il traversait la Salle des Mémoires Fuyantes, un couloir labyrinthique décoré de tableaux mouvants représentant les souvenirs effacés des anciens élèves, il entendit une voix l'appeler. Pas une voix humaine. Une voix intérieure, familière. Tu me sens maintenant, n'est-ce pas ? Je suis là depuis toujours. Il s'arrêta net.

Son reflet, dans la vitre d'une horloge, lui souriait. Tu m'as enfermé sous des couches de sagesse, de gentillesse, de prudence. Mais moi, je suis toi aussi. Je suis ton ombre. La glace se fissura. Une silhouette sombre en sortit, identique à lui, mais avec des yeux d'encre et un sourire d'arrogance pure.

Je suis ton Égo, dit-elle. Pas celui que tu montres, celui que tu caches. Celui que tu nie. Le Moi qui juge, qui envie, qui veut tout pour lui. Et crois-moi : tant que tu ne m'acceptes pas, je te contrôlerai.

Je ne suis pas toi, répondit Elandor, la gorge sèche. L'Ombre rit. Un rire chaud, séducteur. Tous ceux qui disent cela finissent par me ressembler. Tu veux la vérité ? Alors regarde ceux qui te font peur, ceux que tu critiques. Et tu verras mon visage. Elandor recula. Mais l'Ombre ne le suivit pas.

Elle disparut dans le reflet d'un sablier mural, ne laissant qu'un mot inscrit dans la poussière du verre : "Connais-toi. Ou subis-moi."

Le lendemain, il se rendit en cachette chez le Conservateur des Secrets, un ancien mage aveugle qui vivait sous la bibliothèque, entre les tuyaux chantants et les machines à souvenirs. On disait qu'il pouvait entendre les pensées comme d'autres entendent la pluie. Elandor lui raconta tout. Le miroir. Les masques. L'Ombre.

Le vieil homme hocha la tête, un sourire triste aux lèvres. Tu entres dans la Spirale de l'Égo, murmura-t-il. C'est un labyrinthe ancien. Ceux qui y pénètrent sans guide s'y perdent à jamais. Mais ceux qui l'embrassent avec courage deviennent des êtres entiers. Il lui tendit un petit flacon de verre, rempli d'un liquide noir et visqueux.

Bois ceci. Ce n'est pas une potion. C'est un pacte. Un pacte avec qui ? Avec toi-même. Elandor ferma les yeux. Et but.

Le liquide était froid. Puis brûlant. Puis calme. Un calme dangereux, comme le silence juste avant une tempête. Il sentit son cœur battre plus fort. Et dans le lointain de son esprit, l'Ombre rit doucement. Mais cette fois, Elandor ne recula pas.

Chapitre 5 : La Chambre des Refusés

Elandor ne savait pas comment il était arrivé là. Une minute plus tôt, il lisait tranquillement dans la rotonde de la bibliothèque aux colonnes de jade, et l'instant d'après, une marche qu'il ne connaissait pas s'était ouverte sous ses pieds. Il avait chuté sans bruit, comme aspiré dans un souvenir oublié par le monde.

Il se tenait à présent dans un couloir froid, aux murs couverts de chaînes rouillées. L'air avait une odeur ancienne, mêlant l'humidité et la colère enfermée. Devant lui : une porte. Massive. De pierre noire. Sans poignée. Inscrite en lettres rouges, une phrase vibrait au rythme de son souffle : "Ici vivent ceux que tu as niés."

Il comprit alors. C'était la Chambre des Refusés. Un lieu évoqué dans les livres interdits. Une pièce vivante, créée par la magie psychique de l'Académie, où se matérialisaient les fragments de soi que l'on rejette, méprise ou oublie. La porte s'ouvrit. Un froid étrange lui caressa l'échine.
Il entra.

La pièce était vaste, comme une cathédrale souterraine. Au centre, des silhouettes immobiles étaient alignées comme des statues. Mais en s'approchant, Elandor vit qu'elles respiraient. Il reconnut aussitôt la première.

Un garçon, tremblant, recroquevillé sur lui-même. Les yeux gonflés, les mains sur les oreilles. Non... pas lui, souffla Elandor. C'était lui, à neuf ans. Le soir où il avait entendu son père dire : "Il ne sera jamais assez fort". Il avait pleuré toute la nuit. Mais jamais reparlé de ce moment à personne. Il l'avait rejeté. Enterré. Et maintenant, il était là.

Tu m'as jeté ici, murmura l'enfant sans le regarder. Parce que j'avais honte. Mais sans moi, tu ne comprendras jamais d'où vient ta rage. Une autre silhouette se détacha dans l'ombre. Une adolescente. Rebelle. Moqueuse. Les bras croisés, le regard acéré.

Moi, dit-elle, tu m'as bannie le jour où tu as voulu plaire à tout le monde.
Je suis ta colère pure. Ta rébellion. Ta voix. Tu m'as tuée pour être aimé. Mais regarde-toi maintenant : docile et vide. Elandor voulut reculer. Mais la pièce ne le laissa pas sortir.

Une troisième forme s'approcha, sans bruit. Un homme plus âgé. Trop âgé. Usé. Les yeux éteints. Les épaules tombantes. Je suis ce que tu deviendras si tu continues à fuir. Sans passion. Sans feu. Juste une coquille polie. Elandor tomba à genoux.

Que voulez-vous de moi ? sanglota-t-il. Les Refusés parlèrent en chœur, leurs voix formant une vibration terrible. Nous ne voulons rien. Nous voulons être regardés.

Soudain, la pièce entière s'éclaira. Non pas de lumière, mais de lucidité. Il vit ses Refusés. Un à un. Et pour la première fois, il ne détourna pas les yeux. Il s'approcha de l'enfant et le serra dans ses bras. Il écouta les rires brisés de l'adolescente, et il en rit avec elle. Il tendit la main à l'homme vieilli et sentit son propre avenir frémir.

Les chaînes sur les murs se brisèrent. Et la Chambre des Refusés s'effaça comme un rêve exaucé. Il se retrouva dans la bibliothèque. La même page ouverte. Mais son cœur n'était plus le même.

Dans sa poche, un petit cristal noir brillait doucement. Un souvenir réintégré. Un morceau de lui, retrouvé.

Chapitre 6 : L'Alchimie du Cœur

Depuis la visite de la Chambre des Refusés, Elandor avait changé. Ce n'était pas un changement qu'on pouvait remarquer dans les yeux ou la démarche. C'était plus profond. Une vibration lente. Un souffle nouveau. Il parlait moins. Écoutait plus. Et dans son regard, quelque chose s'était allumé : un éclat doré, comme si le monde entier s'était recouvert d'un voile de significations invisibles.

Un matin, alors que le ciel était d'encre et que la neige tombait sans bruit sur les tours de l'Académie, Elandor fut convoqué par la Maîtresse Griselda, doyenne des sciences occultes et gardienne de l'Oratoire Alchimique. Entre, dit-elle en l'accueillant dans sa salle ronde, tapissée de grimoires respirants et d'horloges à venin.

Au centre, une table de marbre. Sur elle, un unique objet : une fiole contenant un liquide doré, vibrant doucement comme un cœur. Sais-tu ce que c'est ? demanda Griselda. Une essence vivante ? risqua Elandor. C'est un cœur distillé. Le tien. Ou du moins, ce qu'il pourrait devenir.

Il fronça les sourcils. Le cœur est la plus instable des matières, poursuivit le vieux mage. Trop de souffrance, il se fige. Trop de pouvoir, il s'enfle. Trop de peur, il fuit. L'alchimie véritable ne transforme pas le plomb en or. Elle transforme la douleur en force, le doute en sagesse, la solitude en lien.

Griselda lui tendit la fiole. Bois. Et si je ne suis pas prêt ? Elle lui sourit. Pour la première fois, doucement. Personne ne l'est. Mais c'est en buvant qu'on devient capable. Elandor porta la fiole à ses lèvres.

Le liquide n'avait pas de goût, mais chaque goutte réveillait une mémoire. Il se revit enfant, riant dans la pluie. Puis adolescent, fixant le ciel avec colère. Puis récemment, genou à terre, dans la Chambre des Refusés.

Et enfin, une scène qu'il n'avait jamais vécue : lui, adulte, entouré d'autres élèves, leur apprenant à affronter leurs propres ombres. Il comprit. L'alchimie du cœur ne servait pas à guérir mais à intégrer. À ne plus fuir ce qui brûle, mais à s'en faire un feu sacré.

Soudain, la salle se mit à trembler. La table se fêla. Les grimoires se refermèrent d'un claquement sec. Griselda murmura : Tu l'as réveillé. Quoi donc ? Ton Double. Mon quoi ?

L'épreuve ultime de toute transformation : l'apparition de ce que tu pourrais devenir si tu trahissais ton propre cœur. Ton reflet déformé. Ta version corrompue. La pièce s'effaça. Elandor était de nouveau seul. Mais pas tout à fait.

Une silhouette l'attendait au bout d'un long couloir de verre. Elle avait sa voix. Son visage. Mais ses yeux étaient faits d'acier. Son Double venait de naître. Et il avançait.

Chapitre 7 : Le Duel Silencieux

Le couloir était long, droit, sans fin. Elandor avançait, les bottes claquant sur le sol de verre. À chaque pas, ses souvenirs dansaient sous ses pieds, comme reflétés dans une mer cristalline : un sourire qu'il n'avait pas offert, un mot qu'il n'avait pas osé dire, une rage contenue trop longtemps. Et face à lui, la silhouette s'approchait. Lui-même. Mais différent.

Il n'était pas difforme. Il n'avait ni cornes, ni ombres dégoulinantes. Non. Il était parfait. Une version magnifiée d'Elandor. Droiture impeccable. Regard fixe. Aucune hésitation dans le pas. Tu sais qui je suis, dit l'Autre sans bouger les lèvres.

Sa voix résonnait dans l'air, mais aussi dans le cœur d'Elandor. Tu es mon reflet ? Non, je suis ce que tu voudrais être si tu acceptais de sacrifier la vérité à la puissance.

Le vrai Elandor sentit sa gorge se serrer. J'ai déjà fait ce choix, murmura-t-il. J'ai déjà refusé la fuite. Le Double sourit. Un sourire qui ne contenait aucune chaleur. Peut-être. Mais tu n'as pas encore refusé la tentation de te croire supérieur à tes failles. Tu as cru intégrer tes ombres ? Regarde-toi : tu les as simplement apprivoisées pour les dominer. Pas pour les aimer.

Elandor recula d'un pas. Le couloir vibra. Un cercle se traça sous leurs pieds. Gravé dans le verre par une encre invisible. Un duel intérieur, ancien rituel de la Voie des Cœurs Brisés. Aucun sort. Aucun cri. Aucun geste. Seulement la Présence. Le premier qui fuira son propre regard perdra, dit la Voix de l'Académie.

Les deux Elandor se firent face. Silence. Le vrai Elandor sentit le poids de son propre jugement, de ses ambitions refoulées, de ses désirs d'être aimé, reconnu, admiré, toutes ces chaînes qu'il avait polies pour les faire passer pour des ailes.

Son Double n'avait pas peur. Parce qu'il n'avait pas de doute. Il était l'illusion d'un soi infaillible. Et pourtant, Elandor sentit une faille. Ce Double, si parfait, ne ressentait rien. Pas la honte. Pas la tendresse. Pas la chute.
Et donc : pas la vérité. Alors, Elandor fit l'impensable. Il baissa les yeux.
Et murmura : J'ai peur. J'ai honte. J'ai mal. Et je vis avec ça. Le cercle se fissura. Le Double recula.

Elandor leva les yeux à nouveau, le cœur ouvert comme un livre non censuré. Tu n'es pas mon idéal. Tu es mon déguisement. Et je n'ai plus besoin de toi. Le Double cria. Un cri sans son. Un hurlement de verre brisé. Il se dissipa dans une pluie d'éclats translucides. Et dans le silence qui suivit, Elandor se retrouva seul. Mais cette fois, entier.

Chapitre 8 : Le Pacte de Vérité

Le lendemain du Duel Silencieux, l'Académie tout entière sembla retenir son souffle. Des couloirs entiers devinrent muets à son passage. Certains portraits l'observaient avec un respect inquiet ; d'autres détournaient le regard, comme si Elandor portait désormais une marque que seuls les initiés pouvaient voir. Et c'était peut-être vrai.

Au creux de sa paume, un symbole était apparu : trois cercles concentriques, entrelacés, battant au rythme de son cœur. Griselda, interrogée en hâte, pâlit en le découvrant. Tu es passé par les Refusés puis le Double. Il ne reste qu'un chemin, Elandor. Le plus risqué de tous. Celui qu'aucune formule ne peut baliser.

Quel chemin ? demanda-t-il, malgré lui déjà en train d'en poser les premiers pas. Celui de la Vérité nue. Elle le mena au plus profond des caves de l'Académie, bien au-delà de la Salle des Silences, en dessous même de la Crypte des Mages sans Nom.

Là, une porte. Ni serrure, ni poignée. Juste une plaque : "Ici, tu ne pourras mentir." Tu y trouveras une table. Et un Pacte. Tu peux encore rebrousser chemin. Mais Elandor ne bougea pas.

Alors souviens-toi, ajouta Griselda : toute vérité que tu caches ici, deviendra un serpent. Il entra. La pièce était ronde. Vide. Éclairée d'une lueur blanche sans source visible. Une unique table, en son centre. Et sur elle, un manuscrit vierge. Une plume noire reposait à côté. Elandor s'assit. Et le parchemin s'éveilla.

"Inscris ce que tu caches. Pas aux autres. À toi-même." Il hésita. Puis, lentement, les mots vinrent. "Je prétends ne pas vouloir de pouvoir, mais j'en rêve. Je joue au sage, mais parfois, je ne veux que briller. Je dis que j'aide les autres mais parfois, j'attends qu'ils me remercient. Je prétends n'avoir peur de rien, mais je redoute d'être seul."

À mesure que les phrases naissaient, des formes serpentes s'agitaient autour de lui. Des serpents transparents. Des mensonges déterrés. Mais plus il écrivait plus ils s'éloignaient. Jusqu'à ce qu'il n'en reste plus qu'un. Petit. Silencieux. Noir comme l'encre. Elandor prit une longue inspiration.

“Je crains que, malgré tous mes efforts, je ne sois rien d’autre qu’un masque habilement cousu.” Le serpent frémit. Et se fondit dans la plume. Le Pacte s’illumina. Puis disparut.

Dans la paume d’Elandor, le symbole des trois cercles était devenu une clef. Griselda l’attendait dehors. Tu l’as fait, dit-elle doucement. C’était effrayant. C’est toujours effrayant, de rencontrer quelqu’un d’aussi vrai que soi-même. Elle tendit la main. Il est temps maintenant de descendre vers les Eaux Premières. Elandor la suivit. Plus rien n’était comme avant.

Mais pour la première fois, il ne cherchait plus à être autre chose que lui-même.

Chapitre 9 : Les Eaux Premières

On raconte qu’avant les sortilèges, avant les grimoires, avant même la Parole, il y eut les Eaux. Non pas celles qui nourrissent ou purifient, mais les Eaux primordiales. Celles où les âmes s’essayent, se tordent, se dépouillent.

Et ce fut là que Griselda mena Elandor. Un puits. Voilà tout ce que c’était. Un puits perdu dans la forêt dormante, dont la pierre était couverte de runes délavées, et dont l’eau, noire et lisse comme l’onyx, ne reflétait rien ni visage, ni lumière.

Tu dois t’immerger, dit Griselda, et traverser. Traverser quoi ? Toi. Elle n’ajouta rien. Le rituel n’admettait pas d’interprétation. Elandor retira sa cape, ses bottes, ses doutes. Et sauta.

Le froid le saisit instantanément, mais ce n’était pas un froid physique. C’était un froid de silence. Un froid qui éteignait les voix intérieures, les souvenirs, même les noms.

Il descendit longtemps. Puis toucha le fond. Et soudain...Le monde bascula. Il n’était plus dans l’eau. Il était ailleurs. Une île, au ciel d’argent. Des falaises qui pleuraient. Et un arbre solitaire, noir, dont les feuilles chuchotaient.

Où suis-je ? pensa-t-il. Mais aucune voix ne lui répondit. Pas même la sienne. Ici, l’ego n’avait pas de poids. Chaque pas qu’il faisait le rendait plus léger, comme si ses couches ses peurs, ses croyances, ses histoires tombaient, l’une après l’autre.

Devant l'arbre, une silhouette l'attendait. Elle n'avait ni âge, ni genre, ni regard. C'était lui. Ou ce qu'il aurait été s'il n'avait jamais été blessé. Le Soi Originel. Le silence entre eux dura une éternité.

Puis, sans mots, la silhouette posa sa main sur la poitrine d'Elandor. Et alors, il se souvint. De tout. Avant les masques. Avant les exigences. Avant les drames. La clarté. La pureté. Le simple être. Un flot de lumière remonta en lui.

Les Eaux l'avalèrent à nouveau. Et il remonta, comme projeté par une force douce et immense. Quand il ouvrit les yeux, il était au bord du puits. Griselda était partie. Mais dans sa main, une graine noire. Froide. Vibrante.

Une graine d'absolu, murmura-t-il. Offerte par moi, à moi-même. Il sut alors que le dernier chapitre approchait.

Et qu'il porterait un nom redouté : Le Miroir des Autres.

Chapitre 10 : Le Miroir des Autres

Les jours qui suivirent sa sortie des Eaux Premières, Elandor sentit son âme vibrer à un rythme nouveau. La graine noire dans sa poche semblait pulser d'une vie propre, comme un secret profond, une promesse d'avenir.

Mais l'Académie, vaste comme un labyrinthe d'ombres et de lumière, préparait une dernière épreuve. La plus redoutée. La rencontre avec Le Miroir des Autres.

On racontait qu'il ne s'agissait pas d'un objet, mais d'une épreuve : se confronter aux reflets que les autres renvoient, souvent déformés, parfois cruels, toujours puissants.

Griselda l'emmena à la Salle des Reflets, une pièce circulaire aux murs tapissés de miroirs mouvants, où chaque image avait sa propre conscience.

Regarde bien, prévint-elle. Ce que tu verras ne sera pas toujours toi. Ce sera aussi ce que tu redoutes d'être, ce que tu espères, ce que tu ignores encore. Elandor entra. Immédiatement, une multitude de reflets apparurent. Certains doux, souriants, d'autres torturés, menaçants.

Une version de lui-même riant aux éclats, insouciant. Une autre pleurant dans l'ombre. Puis, un reflet se détacha. C'était Lysa, une amie d'enfance, aujourd'hui éloignée, dont le regard était chargé de déception et de reproche.

Pourquoi m'as-tu abandonnée ? semblait-il dire. Une autre image surgit : c'était son frère, froid, distant, mais plein d'attente non exprimée. — Tu ne seras jamais à la hauteur. Chaque miroir lui lançait un défi, un poids.

Elandor se mit à parler, d'abord doucement, puis avec force : Je vois vos blessures, vos peurs, vos colères. Mais je ne suis pas là pour vous porter ni pour vous fuir. Je suis là pour vous entendre.

Peu à peu, les miroirs s'adoucirent. Lysa sourit. Son frère hocha la tête. Les images fusionnèrent, se transformèrent en un seul reflet : un Elandor entier, brisé et entier, lumineux et sombre. Griselda entra. Tu as fait ce que peu osent. Tu as accepté la vérité des autres. Et par là même, la tienne.

Elle lui tendit la graine noire. Il est temps de la planter.

Chapitre 11 : La Graine d'Absolu

Le jardin secret de l'Académie était un lieu que peu avaient la chance de découvrir. Enveloppé par des haies chantantes et des arbres aux feuilles argentées, il respirait un calme éternel, suspendu hors du temps.

C'est là qu'Elandor arriva, tenant dans sa main la graine noire, désormais tiède et vibrante. Griselda l'attendait devant un petit autel de pierre, creusé d'anciennes inscriptions.

Cette graine, expliqua-t-elle, n'est pas un simple symbole. C'est l'essence même de ta quête. Elle contient tout ce que tu as accepté de voir en toi, et tout ce que tu n'as pas encore osé devenir.

Elandor creusa doucement la terre, puis déposa la graine avec soin. Au contact du sol, la graine s'illumina, projetant des éclats de lumière douce qui dansèrent dans l'air.

Les feuilles des arbres frémirent, et un vent chaud se leva, chargé de murmures oubliés. Que va-t-il se passer ? demanda Elandor. La graine va pousser en toi, dit Griselda.

Elle grandira au rythme de ta vérité, de ton courage, de ta capacité à aimer tes propres eaux troubles. Un silence solennel tomba. Puis, soudain, la terre trembla légèrement.

Un jeune arbre naquit, d'un noir profond, ses racines s'enfonçant dans le sol avec une force tranquille. Ses branches s'étiraient vers le ciel, comme pour attraper les étoiles.

C'est ta nouvelle nature, déclara la Maîtresse. Ni lumière pure, ni ténèbres absolues. Mais un équilibre vivant, mouvant, puissant. Elandor posa la main sur l'écorce. Un frisson le traversa.

Il comprit enfin que son voyage ne faisait que commencer. Que cette graine, cette vérité, serait à la fois son fardeau et sa lumière. Et qu'à travers ses eaux troubles, il trouverait sa voie.

Chapitre 12 : La Traversée des Ombres

La nuit s'était abattue sur l'Académie, épaisse et silencieuse. Seule une faible lumière lunaire filtrait à travers les vitraux colorés, projetant des éclats de mystère sur les murs.

Elandor avançait, seul, vers la forêt des Ombres. Ce lieu était réputé pour être le miroir des peurs humaines, le théâtre où les cauchemars prennent forme.

Mais c'était aussi, selon les anciens, un passage obligé. Chaque pas dans l'obscurité semblait réveiller des murmures oubliés. Des voix venues de loin, des souvenirs enfouis, des douleurs jamais nommées.

L'air se fit plus dense, presque palpable. Soudain, des silhouettes se dessinèrent autour de lui. Des visages connus, mais déformés par la peur et la colère. Son père, exigeant et silencieux. Sa mère, lointaine et blessée.

Puis, plus loin, une version de lui-même, tremblante et perdue. Elandor serra les poings. Je ne fuirai plus, murmura-t-il. Les ombres s'approchèrent. Mais au lieu d'attaquer, elles semblèrent vouloir parler. Écouter. Comprendre.

Alors, doucement, Elandor ouvrit son cœur. Il reconnut chaque douleur, chaque faute, chaque doute. Et au fil de cette nuit, les ombres s'effacèrent laissant place à une lumière douce. Un nouveau matin s'annonçait. Et avec lui, une nouvelle force.

Chapitre 13 : L'Éveil des Lumières

Après la traversée des Ombres, un calme étrange enveloppait l'Académie. Les premiers rayons du soleil glissaient à travers les fenêtres, éclairant les couloirs d'une lumière dorée et chaleureuse.

Elandor, fatigué mais apaisé, s'éveilla dans la Chambre des Reflets, là où tout avait commencé. Il se leva et regarda autour de lui. Le miroir devant lui n'était plus un simple reflet, mais une porte.

Une porte vers ce qu'il était devenu. Il posa la main sur la surface froide. Un frisson parcourut son bras, puis une sensation de légèreté l'envahit. Les images se succédèrent : les duels intérieurs, les eaux primordiales, le pacte, la graine plantée, la traversée des Ombres.

Tout semblait se fondre en un éclat de lumière pure. Il comprit que cette lumière n'était pas celle du monde extérieur, mais celle qui naît quand on embrasse pleinement ses eaux troubles.

Une lumière faite d'acceptation, de courage, et d'amour pour soi-même. Griselda entra alors, souriante. Tu as franchi les étapes les plus ardues, Elandor. Mais ce n'est que le début de ta véritable aventure.

Que dois-je faire maintenant ? demanda-t-il. Porter cette lumière en toi et autour de toi. Devenir un phare dans les ténèbres des autres, sans jamais oublier d'où tu viens. Elandor sourit. Il sentait que, pour la première fois, il était vraiment libre.

Libre d'être lui-même, avec ses eaux troubles et sa lumière naissante.

Chapitre 14 : Le Retour au Monde

Les portes anciennes de l'Académie s'ouvrirent lentement sous la main d'Elandor. Un vent frais emplit l'air, chargé des senteurs de la forêt et des promesses d'horizons inconnus.

Il regarda une dernière fois en arrière, vers les tours élancées et les vitraux multicolores, avant de poser le pied hors des murs sacrés. Le monde semblait le même, mais il le savait différent.

Chaque visage croisé portait un reflet des eaux troubles qu'il avait apprivoisées. Chaque regard était une invitation à tendre la main, à créer des ponts invisibles.

Ses pas le menèrent vers les chemins sinueux, les villages endormis, les rivières argentées, les montagnes éternelles. Il n'était plus le jeune homme en quête d'identité, mais un voyageur d'une nouvelle ère.

Un porteur de lumière imparfaite, courageuse, vraie. Car il avait appris que la force ne réside pas dans la perfection, mais dans la capacité à embrasser ses ombres.

À marcher dans les eaux troubles avec un cœur ouvert. Et ainsi, Elandor s'élança vers son destin, prêt à écrire les prochains chapitres de sa légende.

Chapitre 15 : L'Héritage des Eaux

De retour parmi les siens, Elandor sentit que son voyage intérieur avait ouvert une porte vers quelque chose de plus grand. Les eaux troubles qu'il avait traversées n'étaient pas seulement les siennes, elles appartenaient à tous.

À ceux qui, comme lui, cherchaient leur vérité au milieu des tempêtes. Il comprit alors que son rôle n'était plus seulement d'être un voyageur, mais aussi un guide.

Un gardien des eaux, capable de montrer le chemin sans effacer les doutes ni les ombres. Il rassembla autour de lui quelques âmes courageuses, prêtes à écouter et à se confronter à leur propre reflet.

Avec patience, il leur enseigna ce qu'il avait appris : Que la lumière naît souvent des ténèbres. Que chaque peur est une clé. Que la vérité, même douloureuse, libère.

Le jardin secret de l'Académie devint un sanctuaire. Un lieu où les eaux troubles pouvaient enfin s'écouler librement, sans jugement. Et ainsi, l'héritage d'Elandor prit racine, puissant et vivant.

Un héritage qui traverserait le temps, nourri par la sagesse des eaux.

Chapitre 16 : La Sagesse des Eaux

Les eaux troubles, pensa Elandor en regardant le ruisseau qui serpentait au cœur du jardin secret, ne sont pas un fardeau. Elles sont une source. Une source où l'on puise la sagesse que la surface lisse ne peut offrir.

Les jours passaient, et il méditait souvent près de cette eau claire et profonde. Il comprit que la véritable sagesse ne consiste pas à chasser ses ombres, mais à danser avec elles.

À écouter leurs murmures, à comprendre leurs langages mystérieux. Car dans chaque peur, chaque colère, chaque douleur, réside une leçon. Une invitation à grandir.

Il enseigna à ses disciples : N'ayez pas peur des eaux qui bouillonnent en vous. Elles portent les messages que votre esprit rationnel ignore. Ne fuyez pas les tempêtes intérieures. Elles sont le vent qui vous pousse vers la transformation.

Avec le temps, le jardin devint un havre où l'on apprenait à lire dans les eaux troubles, à en extraire la vérité. Et ainsi, la sagesse d'Elandor se répandit, douce comme un ruisseau et profonde comme un lac.

Chapitre 17 : Le Cercle des Eaux

Au fil des saisons, le jardin secret se transforma en un lieu de rassemblement. Des âmes venues de partout affluaient, attirées par la renommée d'Elandor et la puissance des eaux. Ensemble, ils formèrent le Cercle des Eaux.

Un cercle où chaque voix comptait, où chaque silence portait du sens. Le Cercle n'était pas un simple groupe. C'était une famille forgée dans la vérité des eaux troubles.

Chaque membre apportait son histoire, ses douleurs, ses espoirs. Ils s'entraidaient à dénouer les nœuds intérieurs, à traverser leurs propres tempêtes.

Elandor guidait, mais n'imposait jamais. Car il avait appris que la transformation vient de l'intérieur, et ne peut être dictée. Le Cercle célébrait la diversité des parcours, la richesse des expériences.

Il organisa des rituels, des veillées au bord de l'eau, des moments où l'on partageait sans peur. La lumière d'Elandor, née de ses eaux troubles, illuminait désormais bien plus que lui-même.

Elle rayonnait à travers ce cercle, puissant et vivant.

Chapitre 18 : Le Chant des Eaux

Un soir, alors que la lune baignait le jardin secret d'une lumière d'argent, le Cercle des Eaux se réunit pour un rituel unique. Tous s'assirent en cercle autour de l'arbre noir, planté lors de l'épreuve de la graine d'absolu.

Le silence s'installa, profond et sacré. Puis, doucement, une voix s'éleva. C'était celle d'Elandor. Il commença à chanter une mélodie ancienne, venue des profondeurs mêmes des eaux troubles.

Une chanson sans paroles, mais pleine de sens, de vibrations et d'émotions. Peu à peu, d'autres voix s'ajoutèrent, s'entrelacèrent, créant un chœur vibrant et vivant.

Le chant parlait de lutte et de paix, de peur et de courage, de ténèbres et de lumière. Les âmes présentes sentirent leurs cœurs s'ouvrir, leurs peurs se dissoudre.

Le chant devint un pont entre les eaux troubles et la lumière, une magie pure et partagée. Quand le dernier écho s'éteignit, un calme profond régna. Le Cercle des Eaux venait d'atteindre une nouvelle harmonie.

Et Elandor comprit que sa quête n'était pas seulement personnelle, mais universelle.

Chapitre 19 : La Promesse des Eaux

Les premiers rayons de l'aube caressaient le jardin secret, illuminant doucement l'arbre noir, témoin silencieux des transformations. Elandor se tenait là, au centre du Cercle des Eaux, entouré de ses compagnons.

Une promesse flottait dans l'air, fragile mais puissante. Nous avons traversé les eaux troubles, dit-il, et nous savons maintenant qu'elles ne sont pas ennemies, mais alliées.

Je fais le serment, poursuivit-il, de garder vivante cette sagesse, de protéger ce cercle, et de l'ouvrir à tous ceux qui cherchent leur vérité. Ses mots résonnèrent comme une mélodie nouvelle, portée par le vent.

Chaque membre du Cercle répéta cette promesse, scellant un pacte d'entraide, de respect et de lumière. Elandor sentit alors une force immense naître en lui.

Une force qui n'était ni de la magie brute, ni de la puissance guerrière, mais la puissance de l'authenticité. L'authenticité d'un être qui accepte ses eaux troubles, et choisit de s'élever malgré tout.

Chapitre 20 : L'Océan Infini

Au-delà des collines et des forêts, là où le ciel embrasse la terre, s'étendait un océan vaste et mystérieux. Elandor se tenait sur la plage, face à cette immensité.

Il pensait à son voyage à ses eaux troubles, ses luttes, ses révélations. L'océan lui semblait maintenant le miroir parfait de son âme. Profond, changeant, parfois calme, souvent tumultueux.

Mais toujours vivant. Il prit une profonde inspiration, laissant le vent salé caresser son visage. Puis, sans peur, il marcha vers l'eau, les pieds s'enfonçant doucement dans le sable humide.

Chaque vague qui venait lécher ses chevilles lui rappelait une vérité essentielle : La vie est un flot incessant d'épreuves et de joies, d'ombres et de lumière.

Et dans ce flux, il avait trouvé sa place. Non pas en fuyant ses eaux troubles, mais en les embrassant. En devenant, lui-même, une partie de cet océan infini.

Un éclat dans la nuit. Un phare pour ceux qui, comme lui, cherchent à naviguer leurs propres profondeurs. Et alors que le soleil se levait à l'horizon, Elandor sourit. Car il savait que son histoire, loin de s'achever, ne faisait que commencer.

Merci d'avoir accompagné Elandor dans cette aventure.

Conclusion

Au fil de cette aventure, vous avez suivi Elandor dans sa quête intérieure, au cœur des eaux troubles qui sculptent son âme et son identité. Ce voyage, bien plus qu'une simple histoire, est un miroir tendu vers chacun de nous une invitation à regarder sans peur ce qui se cache dans nos profondeurs, à embrasser nos peurs, nos doutes, et même nos parts les plus obscures.

Car c'est précisément dans cette acceptation que réside la clé de la transformation. Les eaux troubles ne sont pas une malédiction, mais une source de puissance insoupçonnée. Elles sont la matière vivante de notre personnalité, le creuset où se mêlent nos expériences, nos blessures, nos forces, et nos rêves.

À travers le parcours d'Elandor, vous avez découvert que la lumière véritable ne naît pas de la perfection, mais de la reconnaissance honnête de soi, dans toute sa complexité. Vous avez vu comment chaque ombre peut devenir un phare, chaque tempête une danse, chaque peur une porte ouverte.

Ce livre n'est pas une fin, mais un commencement. Un appel à poursuivre votre propre exploration, à créer votre propre cercle d'eaux, à cultiver la sagesse qui vient de la rencontre entre l'ombre et la lumière.

N'oubliez jamais que, comme un océan immense et changeant, votre personnalité est une merveilleuse et mystérieuse aventure.

Et que chaque pas, même hésitant, vous rapproche un peu plus de votre vérité.

Alors, partez, avec courage et bienveillance, dans vos propres eaux troubles. Car c'est en naviguant ces profondeurs que vous trouverez votre force, votre lumière, et votre liberté.

Les troubles de la personnalité

Le Paranoïaque – Le Mage du Soupçon

Il était une fois, dans les couloirs sombres de l'aile Est de l'école de sorcellerie de Beaux bâtons, un ancien professeur que l'on n'osait nommer que d'un murmure. On disait de lui qu'il entendait des pas même quand les couloirs étaient vides, qu'il voyait des regards dans les ombres, et qu'il répondait aux silences par des soupirs méfiants.

Ce n'était pas un mage noir pas tout à fait. C'était un paranoïaque. Le Mage aux yeux dans le dos

Le paranoïaque n'est pas un simple sorcier méfiant. Il possède un don très particulier : celui de ressentir les intentions, de percevoir le soupçon, et de flairer les complots même quand ils n'existent que dans sa propre caboche. On dit qu'il a des yeux derrière la tête, des oreilles dans les murs, et que son cœur bat au rythme des trahisons imaginées.

Ce n'est pas de la folie à proprement parler, oh non ! C'est un art. Un art sinueux, pernicieux, souvent douloureux. Une manière de lire le monde à travers des lunettes enchantées qui ne montrent que des dangers, des ennemis, des perfidies.

Méfiance : sortilège ancien

L'histoire du mot "paranoïaque" vient du grec ancien, mais à Beauxbâtons, certains préfèrent dire qu'il provient d'un vieux sort de l'époque de Morgane : Paranöüs, un maléfice de l'esprit qui, une fois lancé, enferme l'âme dans une cage de soupçons.

Ce sortilège n'était utilisé que pour punir les traîtres, les espions ou les lâches. Malheureusement, certains élèves y furent exposés trop longtemps et, devenus adultes, gardèrent en eux la blessure invisible d'une confiance brisée.

Portrait du professeur soupçonneux

Le paranoïaque est souvent élégant, presque noble dans sa manière de se tenir. Son regard est perçant, comme s'il lisait dans vos pensées. Il vous observe comme s'il connaissait déjà la fin de votre histoire.

Il n'oublie jamais. Une plaisanterie sur son chapeau lors d'un banquet ? Il s'en souviendra jusqu'à sa tombe. Un regard en biais dans un couloir ? Une trahison, assurément. Il collectionne les humiliations comme d'autres les cartes Chocogrenouille.

Délires et enchantements tordus

Certains de ces mages tombent dans le délire complet. Ils croient qu'un complot ourdi par les elfes de maison est en train de prendre forme. D'autres sont persuadés que le professeur de divination est amoureux d'eux en secret et leur envoie des messages codés par les feuilles de thé.

Il existe différentes formes de délires paranoïaques chez les sorciers : Le délire de persécution (tous sont contre lui, même les portraits parlants).

Le délire de jalousie (il suit son partenaire jusqu'à la Forêt interdite pour voir s'il ne flirte pas avec une nymphe). Le délire de grandeur (il est le seul héritier légitime de Merlin).Et pire encore : le délire érotomaniaque (il est certain que Minerva McGonagall est tombée follement amoureuse de lui).

Les défenses mentales du paranoïaque

Comme tous les sorciers puissants, le paranoïaque a appris à se protéger. Mais ses boucliers sont tournés vers l'intérieur : il projette ses propres monstres sur les autres. Ce qu'il refuse de voir en lui, il le voit partout ailleurs.

Il dira que c'est vous qui le jugez, alors qu'il se juge lui-même. Il croira que vous l'attaquez, alors qu'il ne sait pas baisser sa baguette. Il est pris dans une illusion, une magie mentale puissante, forgée non par une formule mais par la peur.

Origines magiques et blessures anciennes

Souvent, le paranoïaque a été blessé. Peut-être lors de sa jeunesse à Serpentard, où un serment a été brisé. Peut-être qu'un sort a raté, ou qu'un ami l'a trahi en duel. Il a gardé en lui cette morsure, et elle a enflé comme un poison lent.

Certains héritent de cette tendance des lignées entières de sorciers paranoïaques ont traversé les siècles. Mais plus souvent, c'est la vie qui a jeté un sort invisible, un sort de doute perpétuel.

Un poste à haut risque

Le paranoïaque peut être redoutable. Certains deviennent des Aurors brillants : personne ne débusque un mage noir aussi bien qu'un homme qui voit des ennemis partout. Mais il peut aussi devenir dangereux : harceleur, accusateur, manipulateur. Il envoûte les mots, tord la réalité, et finit souvent seul.

Figures célèbres du monde sorcier

Des rumeurs courent selon lesquelles Phineas Nigellus Black, l'ancien directeur de Poudlard, était un paranoïaque notoire. Certains prétendent même que Grindelwald, dans ses vieux jours, délirait de plus en plus sur des trahisons imaginaires.

Et dans chaque génération, il y a au moins un élève – souvent discret, souvent brillant – dont le regard semble toujours chercher la faille chez l'autre.

Soigner le soupçon

Guérir un paranoïaque est un art de très haute magie. Il faut une confiance à bâtir pierre après pierre, comme une tour de Poudlard. Une baguette ne suffit pas ; il faut du temps, de la patience, et un cœur solide.

Certains psychomages spécialisés dans les troubles de l'esprit peuvent l'aider à poser son fardeau. Mais tant qu'il n'a pas décidé de déposer ses armes mentales, il les gardera levées contre le monde.

Conclusion – Un miroir craquelé

Le paranoïaque est un être qui regarde le monde à travers un miroir fêlé : ce qu'il voit lui semble menaçant, mais la menace vient souvent de sa propre peur. Il est à la fois victime et geôlier de lui-même.

Et dans un monde de magie, où l'illusion est possible, où la trahison est réelle et les sortilèges d'espionnage nombreux... qui peut dire, vraiment, si le paranoïaque n'a pas parfois raison ?

Le Schizoïde – Le Mage des Brumes Intérieures

Dans les profondeurs oubliées de la bibliothèque de Poudlard, au fond d'une aile où les livres soupirent plus qu'ils ne parlent, il existait un élève que personne ne remarquait vraiment. Il était là sans être là, glissant entre les couloirs comme une ombre qui ne laisse pas de trace. On l'appelait "le Silencieux", non parce qu'il ne parlait pas, mais parce que sa présence même semblait fuir le bruit du monde. Ce n'était pas un ermite, ni un rêveur. C'était un schizoïde.

Le Sorcier au monde intérieur

Le schizoïde est un mage à part. Il n'a ni cape flamboyante, ni rire éclatant, ni ambition dévorante. Il ne cherche pas à briller, à séduire ou à diriger. Ce qu'il cultive, c'est son propre monde, un royaume intérieur plus vaste que la Salle sur Demande, fait de songes, d'idées, de pensées lentes comme des étoiles. Il ne fuit pas le monde, il le regarde depuis une rive lointaine.

Le silence comme bouclier

À Poudlard, on le croisait parfois près du Lac Noir, à contempler l'eau sans fin, ou assis entre deux rayons interdits de la bibliothèque, caressant la couverture d'un vieux grimoire sans jamais l'ouvrir. Il n'avait pas d'ennemis. Pas vraiment d'amis non plus.

On disait de lui qu'il pouvait passer des semaines sans adresser la parole à personne, sans s'en plaindre, ni s'en réjouir. C'était sa nature. Il était tel un Animagus intérieur : métamorphosé non en animal, mais en silence.

Mystère ou indifférence ?

Le schizoïde ne hait pas les autres. Il ne les fuit pas comme le paranoïaque ou ne les défie comme le narcissique. Il les considère... de loin. Comme on observe une comète. Belle, brillante, mais distante. Il ne cherche pas à plaire ni à appartenir. Ce n'est pas de la timidité, ni de l'orgueil. C'est un autre rapport au monde.

Certains professeurs pensaient qu'il cachait un génie. D'autres, un malheur. Mais lui, quand on lui posait la question, haussait les épaules, comme s'il n'était même pas sûr d'exister aux yeux des autres.

Un esprit en apesanteur

Son imagination était profonde comme le fond du Lac Noir. Il pouvait passer des nuits entières à réinventer des langues oubliées, à construire des villes entières dans son esprit, ou à observer la course des étoiles depuis la tour d'astronomie. Il n'avait pas besoin d'un public. Son théâtre intérieur était assez vaste.

Les autres élèves disaient parfois : Il est bizarre, non ? Non. Il est ailleurs.

La chambre du dedans

Les schizoïdes vivent dans une chambre intérieure aux murs invisibles. Ils n'en ferment pas la porte, mais peu osent y entrer. Car ce lieu n'est pas décoré pour accueillir. Il est brut, nu, vrai. On y trouve des idées, des doutes, des souvenirs sans voix. Et souvent, une solitude ancienne, douce comme une couverture oubliée.

Ils aiment sans dire. Ils souffrent sans bruit. Ils disparaissent sans prévenir. Non pour fuir, mais pour se retrouver.

Origines de la brume

Les sorciers qui portent ce type d'âme viennent parfois de familles trop froides, ou trop pleines. De maisons où l'émotion n'avait pas sa place, ou au contraire débordait sans laisser de répit. Pour survivre, l'enfant se retire. Il apprend à être un observateur, un contemplatif, un mage du non-dit.

Mais chez certains, c'est simplement leur essence. Nul besoin de traumatisme, juste une sensibilité tournée vers l'intérieur comme une fleur nocturne.

Pas d'attache, mais pas d'ancre non plus

Le danger, pour le schizoïde, n'est pas l'agitation, mais l'effacement. À force de vivre dans les limbes de lui-même, il peut devenir presque transparent. Plus personne ne sait s'il est encore là, y compris lui.

Il ne court aucun danger immédiat, mais à long terme, il peut devenir un fantôme vivant, un élève qui hante les bancs sans jamais laisser de trace. À moins que quelqu'un, un jour, ne l'invite doucement à revenir. Non pas dans le tumulte, mais dans la chaleur discrète d'un lien humain.

Le schizoïde est-il un mage inachevé ?

Pas du tout. Il est complet, mais dans une langue que peu savent lire. Il faut parfois un autre être d'ombre - un mentor, un ami silencieux, une créature magique oubliée - pour lui tendre un miroir où il se reconnaît enfin.

Dumbledore, s'il avait croisé un tel élève, aurait sans doute dit : "Les âmes les plus tranquilles cachent souvent les tempêtes les plus vastes."

Une magie rare et précieuse

Le schizoïde possède une magie lente, stable, profonde. Il ne lance pas de sorts spectaculaires, mais il peut comprendre des arcanes anciens que d'autres ignorent. Il n'a pas besoin de reconnaissance, seulement d'un espace pour exister à sa manière.

Il est l'alchimiste du silence, le cartographe du monde intérieur, le voyageur immobile.

Le Schizotypique - L'Énigmatique Magimancien des Mondes Cachés

À la lisière de la Forêt interdite, bien après l'heure du couvre-feu, certains élèves affirment avoir aperçu un étrange personnage parler aux arbres. D'autres jurent l'avoir vu écrire des runes dans le sable du lac à minuit, pendant qu'un hibou lui tournait autour en cercle parfait. Personne ne sait exactement à quelle maison il appartient, ni depuis combien de temps il est là.

Certains pensent que c'est un professeur oublié. D'autres disent que c'est un élève qui n'a jamais passé ses BUSEs. En vérité, il n'est ni l'un ni l'autre. C'est un schizotypique.

Un sorcier d'un autre monde

Le schizotypique n'est pas simplement excentrique. Il est un être à part, comme s'il avait un pied dans ce monde et l'autre dans un monde parallèle dont il serait l'unique habitant. Il voit des connexions là où personne n'en voit, entend des messages dans le chant des chocogrenouilles, et prétend que ses rêves lui donnent des réponses aux énigmes magiques non résolues.

À Poudlard, on l'appelle parfois "l'Oracle muet", "le Fou Sympathique", ou plus simplement "l'Autre".

Le langage des étoiles et des fenêtres qui parlent

Il a un langage bien à lui. Quand vous lui demandez l'heure, il peut répondre : "Le vent tourne à gauche depuis l'aube, ce n'est donc plus le moment."

Mais il ne se moque pas. Il parle selon une logique intérieure, déroutante, mais pour lui parfaitement cohérente. Il relie l'invisible, tisse les fils des mondes, et construit des théories dignes d'un professeur de divination ayant abusé du jus de citrouille fermenté.

Habits étranges, regards ailleurs

Le schizotypique porte souvent des robes dépareillées, parfois deux capes l'une sur l'autre, avec des plumes coincées dans sa chevelure, ou des amulettes en forme de botruc. Il s'habille comme un rêve qu'on n'a pas fini. Son regard est souvent ailleurs non pas perdu, mais connecté à une pensée que vous ne pouvez pas suivre. Il ne cherche pas à être bizarre. Il est bizarre, profondément, naturellement. C'est un mode d'existence, pas une stratégie.

Pouvoirs ou illusions ?

Parfois, ses intuitions sont exactes. Il devine des choses que personne n'a dites. Il entre dans une pièce et sent qu'une dispute a eu lieu. Il annonce des événements qui se produisent. On dit même qu'il a anticipé la réapparition de Voldemort avant tout le monde mais que personne ne l'a cru.

Le problème, c'est qu'il voit trop. Il perçoit des significations dans les coïncidences, des messages dans les taches d'encre, des menaces dans un rire trop aigu. Le monde pour lui est un puzzle infini, dont les pièces bougent la nuit.

Une solitude cosmique

Il n'est pas antisocial, mais les autres le fatiguent. Pas leur présence, mais leur incompréhension. Il se sent souvent seul, même entouré. Il essaie parfois de partager ses visions, mais ses mots dérivent, sa pensée s'emballe, et ses interlocuteurs s'éloignent, confus. Il retourne alors à son carnet, à ses parchemins griffonnés, à ses longues promenades entre les pierres enchantées du parc de Poudlard.

Entre magie et vulnérabilité

Le schizotypique vit dans une tension constante : entre le génie et la confusion, entre la perception subtile et la surinterprétation. Il peut être touchant, drôle, même inspirant. Mais il peut aussi devenir anxieux, méfiant, envahi par des pensées étranges.

Certains sombrent dans des formes plus profondes de désorganisation mentale. D'autres trouvent un équilibre fragile en vivant à la marge, protégés par une routine magique et des rituels connus d'eux seuls.

Figures énigmatiques du monde magique

Certains disent que Luna Lovegood aurait eu des traits schizotypiques : ses créatures imaginaires, son discours éthéré, sa perception fine et étrange de la vérité. Mais Luna, elle, avait trouvé la paix dans l'acceptation.

D'autres citent de vieux alchimistes, des inventeurs oubliés, ou même des prophètes magiques comme Cassandra Vablatsky, l'auteure de Prophéties et Paradoxes, qui aurait passé ses derniers jours à parler à des miroirs.

Faut-il le soigner ?

Pas nécessairement. Le schizotypique n'est pas un malade à réparer, mais un mystère à comprendre. Il a besoin de bienveillance, d'espace pour être lui-même, et parfois d'un ancrage : une personne patiente, une structure rassurante, une baguette fidèle. Il vit à la frontière. Et parfois, il voit ce que d'autres ne peuvent même pas imaginer.

Conclusion – L'éclat de la bizarrerie sacrée

Le schizotypique est un mage poétique, un rêveur éveillé, un explorateur de mondes mentaux. Il marche seul, mais ses pas dessinent des constellations.

Et si le monde magique n'avait pas de place pour ce genre d'esprit, alors peut-être que la vraie folie serait dans le monde lui-même.

L'Antisocial – Le Sorcier sans Remords

Il est passé à Poudlard comme une tempête silencieuse. On ne se souvenait jamais exactement quand il était entré dans une pièce, mais on savait toujours qu'il y était. Son regard vous transperçait comme un sortilège informulé, ses silences étaient plus lourds que des hurlements, et ses sourires toujours trop calmes.

On l'appelait l'Insoumis, parfois le Loup sans meute, ou plus simplement, à voix basse : "Celui dont il vaut mieux ne pas croiser le chemin." Il était ce qu'on appelle, dans les couloirs murmurants de l'infirmerie psychomagique : un antisocial.

Un charme empoisonné

Il avait ce magnétisme des gens qu'on écoute même quand on sait qu'on ne devrait pas. Une manière de parler en vous regardant droit dans l'âme, sans jamais y entrer. Les professeurs disaient de lui qu'il était intelligent, mais instable, rapide, mais sans frein. Ses camarades ? Ils l'admiraient. Ils le craignaient.

Il ne s'attachait à personne. Et ceux qui, naïvement, tentaient de s'attacher à lui finissaient blessés. Ou pire : changés.

Le masque et la lame

Le sorcier antisocial porte un masque. Un masque de normalité, parfois même de charme. Il dit ce qu'il faut dire, il fait ce qu'il faut faire — mais tout cela n'est qu'un rôle. Derrière, il y a un vide : pas de remords, pas de peur, pas d'attachement.

Il n'a pas besoin de baguette pour contrôler les autres : il a le mensonge. L'intimidation. Le regard de ceux qui savent jusqu'où va le pouvoir quand on n'a plus de limites. On aurait pu le placer à Serpentard, mais même les serpents le trouvaient… imprévisible.

Le goût du chaos

Il aimait enfreindre les règles. Pas pour défier l'autorité — mais parce qu'il n'en reconnaissait aucune. Les lois, les serments, les liens du sang ou de l'amitié n'avaient pour lui que la valeur qu'il décidait de leur donner.

Il pouvait sourire tout en jetant un sortilège d'Entrave. Il pouvait consoler une première année après avoir été la cause de sa détresse. Tout était jeu, manipulation, opportunité. Il n'y avait pas de bien ou de mal. Il n'y avait que lui, et ce qu'il voulait.

Une enfance sans chaleur

Les psychomages disaient de lui qu'il avait été né sans attachement, ou forgé dans le froid. Peut-être une famille sans cœur. Peut-être une enfance sans étreinte, sans règle, sans sécurité. Ou peut-être, disait le professeur Trelawney en frissonnant, que certaines âmes naissent avec une faille plus grande que l'univers lui-même.

Quoi qu'il en soit, il n'aimait pas. Il ne se sentait pas coupable. Et pourtant, il savait exactement ce que les autres ressentaient, c'est même cela qui le rendait dangereux. Il savait, mais il ne ressentait pas.

À la frontière de la magie noire

Le sorcier antisocial est attiré par la magie noire non pas pour sa puissance, mais pour ce qu'elle révèle : la transgression, la domination, la rupture du pacte moral. Il ne veut pas apprendre, il veut maîtriser. Il ne cherche pas à comprendre le monde, mais à le plier à sa volonté.

C’est ce type de personnalité qui peuplait les rangs des Mangemorts. Mais tous les antisociaux ne deviennent pas des criminels. Certains deviennent ministres. Aurors. Dirigeants. Car ils savent comment manier les règles pour s’élever au-dessus. Et parfois, ils ne sont jamais démasqués.

Une aura glacée

On dit qu’il pouvait faire baisser la température d’une pièce sans sortilège. Que les Détraqueurs eux-mêmes semblaient hésiter devant lui. Car il n’éprouvait ni peur, ni honte. Et face à un être sans remords, même les ténèbres se tiennent à distance.

Un monstre ? Un survivant ?

La question demeure. Est-il né monstre ? Ou est-il le produit d’un monde trop dur, d’un amour jamais reçu, d’un miroir brisé trop tôt ? Peut-être n’est-il pas seulement cruel. Peut-être est-il vide, affamé, condamné à ne rien ressentir et à s’agiter pour combler l’absence.

Mais à Poudlard, on ne se risquait pas à poser la question. On se contentait de détourner les yeux, et de verrouiller sa malle plus fort la nuit.

Conclusion - La face sombre de la liberté

Le sorcier antisocial est libre. Libre de tout. Trop libre. Il n’obéit qu’à lui-même. Et quand cet "autre soi" n’a ni limite, ni attachement, ni frein, le monde devient une table de jeu, et les autres, de simples pièces.

Dumbledore avait l’habitude de dire :

"Ce n’est pas la magie qui rend quelqu’un dangereux, mais ce qu’il choisit d’en faire surtout lorsqu’il ne ressent rien." Et dans les couloirs de Poudlard, même les fantômes se taisaient quand il passait.

L’Impulsif - L’Étincelle Indomptée

Il était plus rapide que son ombre et deux fois plus dangereux. Pas qu’il fût cruel, non. Juste trop rapide pour réfléchir. On l’entendait avant de le voir. Cris de surprise, explosion dans les serres de botanique, chaudron en feu, hurlement d’un professeur qu’on venait d’arroser accidentellement avec une potion de hoquet éternel.

L'impulsif était passé. Et Merlin seul savait ce qui avait pris feu derrière lui.

Une tornade avec une baguette

Il ne marchait pas, il bondissait. Il ne parlait pas, il lançait des phrases comme des feux d'artifice. Il levait la main en classe avant même d'avoir entendu la question et lançait un sort avant d'avoir compris les conséquences.

À chaque cours de Défense contre les forces du Mal, il finissait au sol. Non pas parce qu'il était mauvais mais parce qu'il attaquait toujours trop tôt, trop fort, ou sans attendre que le professeur ait dit "trois".

Un cœur plus rapide que le cerveau

Il n'était pas méchant. Au contraire, il avait le cœur sur la main (et parfois la main sur la nuque d'un camarade qu'il croyait en danger). Il se battait pour les autres sans réfléchir. Il répondait à l'injustice avec fougue. Il se jetait entre un troll et une première année sans stratégie, juste par instinct. Mais l'impulsif, c'est ça : le cœur agit, le cerveau rattrape. Trop tard.

Débordement magique

Sa magie était à son image : imprévisible. Il faisait sauter des verrous... et parfois des plafonds. Il lançait des sorts de métamorphose... qui transformaient le chat du professeur McGonagall en escargot géant pendant trois jours. Le professeur Flitwick disait de lui : ''C'est un prodige... s'il ne fait pas exploser l'aile nord avant ses ASPICs.''

Toujours en retenue, jamais ennuyeux

Il connaissait toutes les salles de retenue de Poudlard. Pas par hasard. Il y laissait souvent des marques de son passage : une chaise carbonisée, un tableau gribouillé, ou un elfe de maison traumatisé par une démonstration de duel improvisée.

Mais on ne s'ennuyait jamais avec lui. Il était l'âme des soirées, le premier à proposer une expédition interdite dans les couloirs la nuit, ou à construire un toboggan magique dans les escaliers pour gagner du temps.

Un feu à canaliser

Le professeur Dumbledore disait : "L'impulsivité, c'est comme le feu : elle éclaire, réchauffe ou brûle. Cela dépend de qui la maîtrise." Et c'était bien là le défi : apprendre à penser avant d'agir, à canaliser la tempête sans l'éteindre.

Car s'il apprenait à réfléchir sans perdre sa fougue, il deviendrait un sorcier exceptionnel. Mais s'il se laissait dominer par ses élans, il pouvait devenir une menace, pour lui et pour les autres.

Le prix de l'intensité

L'impulsif est souvent aimé puis rejeté. Cherché puis puni. Il fait rire, il fait peur. Il attire l'attention, puis les réprimandes. Et dans le silence de sa chambre, parfois, il regrette. Il se promet de changer. Jusqu'à ce qu'un défi apparaisse et qu'il reparte, cœur battant, baguette levée.

Une force brute, mais sincère

Ce qu'on oublie, c'est que l'impulsif est authentique. Il ne calcule pas. Il ne triche pas. Il vit dans l'instant, avec une intensité que peu peuvent comprendre. Il est passionné, loyal, fougueux. Il peut être un héros, si on lui laisse le temps d'apprendre à écouter ce qui le traverse.

Conclusion – Le brasier humain de Poudlard

On ne sait jamais s'il est une comète ou un éclair. Un danger ou une promesse. Il peut faire tomber un chandelier… ou sauver un camarade au péril de sa vie. Il est l'impulsif, l'éclat du présent, l'élève qu'on redoute autant qu'on admire.

Et un jour, peut-être, s'il apprend à diriger le feu qui l'habite, il deviendra un Phénix.

Le Borderline – L'Âme aux Bords Effilés

Il y avait, à Poudlard, un élève dont les émotions semblaient régies par un sortilège instable. Un jour, il riait plus fort que tous. Le lendemain, il pleurait dans la volière, les lettres déchirées à ses pieds. On ne savait jamais avec quel ciel il se lèverait. Soleil brûlant, vent glacial, orage inattendu.

On disait qu'il avait une âme aux bords tranchants, trop fine pour ce monde. On disait aussi qu'il aimait trop fort et tombait trop vite. Mais très peu savaient mettre un mot sur ce qu'il était.

On l'appelait parfois le Borderline. Comme un maléfice ou un mot ancien qu'on chuchote sans trop comprendre.

Un cœur sans barrière

Il ressentait tout. Trop. Chaque regard, chaque mot, chaque silence. Là où d'autres haussaient les épaules, lui tombait en morceaux. Un "bonjour" oublié était une trahison. Un sourire était un serment. Une absence ? Une fin du monde.

Ses amis étaient tout. Puis rien. Puis tout à nouveau. Il les aimait comme on aime avec désespoir. Il les perdait dans des colères de feu, des larmes sans fond. Et il suppliait le pardon dans des lettres tremblantes, pleines d'un amour si vrai qu'on ne pouvait pas ne pas le croire.

L'instabilité comme malédiction

Les professeurs s'interrogeaient : "Instable", disait Rogue en fronçant les sourcils. "Hypersensible", corrigeait Flitwick. "Écorché vif", soufflait Pomfresh, en changeant le bandage après une nuit trop noire. Il brillait en métamorphose : il changeait plus vite que les sorts eux-mêmes.

Mais à l'intérieur, il luttait contre une autre magie, bien plus ancienne : celle des émotions indomptables, des relations en montagnes russes, des fractures invisibles de l'âme.

Des relations intenses et incertaines

Il voulait qu'on l'aime. Plus que tout. Mais dès qu'il sentait un éloignement réel ou imaginaire, il devenait orage. Un simple oubli devenait abandon. Un silence devenait rejet. Il criait : "Tu ne m'aimes plus, c'est ça ?"

Puis, une heure plus tard, il murmurait, les yeux rougis : "Pardonne-moi, je t'en supplie. Je ne sais pas ce qui m'a pris". Les autres se lassaient. Ils fuyaient. Ou restaient mais de loin. Car être proche de lui, c'était brûlant, beau, et dangereux.

L'identité comme labyrinthe

Chaque jour, il changeait. De style, d'ambition, de rêve, de maison intérieure. Un jour, il voulait devenir Auror. Le lendemain, disparaître dans la Forêt Interdite. Un matin, il s'aimait. Le soir, il se haïssait.

Il se regardait dans les miroirs magiques, espérant y voir quelque chose de stable. Mais le reflet changeait toujours. "Qui suis-je ?" écrivait-il sur ses parchemins. Et la plume tremblait de ne jamais pouvoir répondre.

Magie et blessures

Sa magie était capricieuse. Elle flamboyait quand il allait bien. Et explosait quand il chutait. Un jour, dans une crise de panique, il transforma accidentellement une table en essaim de corbeaux.

Un autre, il fit apparaître des roses autour d'un camarade qu'il aimait en secret. Mais les roses avaient des épines. Toujours.

Le courage d'exister

Malgré tout cela, il se levait chaque jour. Il allait en classe. Il souriait parfois. Il écrivait des poèmes qu'il brûlait aussitôt. Il aimait, encore et encore, même si chaque amour le déchirait.

Et ce courage-là, peu le voyaient. Dumbledore disait : "Il faut bien plus de force pour vivre avec une âme en feu qu'avec une âme glacée."

Conclusion - Le funambule de l'ombre

Le borderline est un funambule. Il avance sur un fil entre deux extrêmes : l'amour et la peur, la fusion et le rejet, l'explosion et le vide. Il ne veut pas blesser. Il veut aimer. Mais il brûle trop vite. Trop fort.

Et pourtant, quand on l'écoute, quand on reste, on découvre un être rare : authentique, passionné, loyal jusqu'au sang. Il ne triche pas. Il vit.

Et ça, dans un monde souvent tiède, c'est presque de la magie.

L'Histrionique - L'Acteur aux Mille Visages

Il ou elle entrait dans la Grande Salle comme on entre sur scène : un pas de plus, et le silence se faisait. Un geste, et les regards se tournaient. Un rire, et le monde se réveillait. À Poudlard, on l'appelait parfois la Comédienne, le Séducteur, la Reine du Bal ou le Roi du Drame. Mais son vrai nom était bien plus complexe que tous ces surnoms. Il ou elle était histrionique.

Lumières, baguette, action !

Dans les couloirs de l'école, elle flottait plutôt qu'elle ne marchait. Chaque mouvement avait l'élégance d'un sortilège. Il était toujours entouré, entourée, adorée. Parfois jalousée. Jamais ignorée.

Elle portait sa robe de sorcière légèrement modifiée : des broderies scintillantes, un col en dentelle, des gants enchantés pour changer de couleur selon l'humeur (ou la météo).

Il n'était jamais loin d'un miroir. Et chaque reflet lui parlait comme un vieil ami : ''Splendide, comme toujours.''

Une magie de charme et de spectacle

Les sortilèges de l'histrionique n'étaient pas toujours les plus puissants, mais toujours les plus spectaculaires. Pourquoi lancer un simple Lumos quand on peut illuminer la pièce avec une pluie d'étincelles dorées, accompagnée d'un clin d'œil ?

Pourquoi parler doucement quand un discours théâtral, un tremblement de voix, ou une larme bien placée peuvent faire fondre un professeur ou retourner tout un jury de Poudlard dans un débat de clubs étudiants ?

Toujours au centre ou perdue dans l'ombre

Elle brillait comme un Patronus. Mais à la moindre indifférence, elle s'éteignait. Il riait fort, plaisantait, charmait, jusqu'à ce qu'un simple "chut" le blesse comme un Doloris.

L'histrionique avait besoin des autres comme les plantes ont besoin de lumière. Sans regards, elle se fanait. Sans attention, il devenait invisible à lui-même. Et parfois, le soir, seul dans la salle commune, il retirait son masque et se demandait : "M'aimeraient-ils, si je ne jouais plus ?"

La tempête émotionnelle

Ses émotions étaient intenses, changeantes, imprévisibles. Elle tombait amoureuse en une conversation. Il s'effondrait à la première critique. Elle riait aux larmes, puis pleurait de rire puis pleurait tout court.

Les professeurs disaient : "Instable. Excessive." Mais Dumbledore, lui, murmurait : "Elle vit chaque instant comme si c'était le dernier. Il y a là une forme de vérité et de douleur."

Une séduction naturelle et involontaire

Il ne séduisait pas toujours exprès. C'était sa manière d'exister : plaire, captiver, envoûter. Elle touchait le bras, regardait dans les yeux, riait d'un éclat qui faisait rosir même Rogue (mais juste un peu).

Mais quand l'autre tombait amoureux, elle était confuse. "Je ne voulais pas. Je voulais juste qu'on m'aime." Et souvent, l'histrionique confondait amour et attention, tendresse et fascination.

Le masque et l'abîme

Derrière les robes brillantes, le maquillage magique et les histoires exagérées, il y avait une peur sourde : celle d'être oublié. Elle redoutait le vide plus que tout. Elle avait besoin qu'on l'écoute, qu'on la voie, qu'on l'applaudisse comme si chaque absence de regard la faisait disparaître un peu.

Mais ceux qui s'arrêtaient vraiment et voyaient au-delà du masque. Et là, ils découvraient un être fragile, loyal, vibrant de vie et de solitude.

Conclusion – La tragédie lumineuse

L'histrionique est un feu d'artifice ambulant, un personnage shakespearien perdu dans une cour d'école. On l'aime, on s'en lasse, on la cherche, on le fuit. Mais jamais, on ne l'oublie.

Elle est la sorcière qui fait rire la salle entière et pleure seule derrière un rideau. Il est le sorcier qui charme tous les cœurs sauf le sien. Et un jour peut-être, il comprendra que l'on peut être aimé sans jouer un rôle.

Et elle découvrira que sa lumière peut exister même dans le silence.

Le Narcissique – Le Miroir Enchanté

À Poudlard, il était une vérité connue : quand le narcissique entrait dans la pièce, le temps semblait ralentir. Non pas à cause d'un sortilège puissant mais parce que tout le monde se tournait vers lui.

Il ne marchait pas, il défilait. Sa baguette n'était pas seulement un outil magique : c'était une extension de sa propre grandeur. Chaque geste était calculé, chaque sourire, une invitation à admirer.

Le charme du miroir magique

Le narcissique aimait son reflet. Il pouvait passer des heures devant les miroirs magiques de la salle commune, se parlant à lui-même comme s'il découvrait pour la première fois le plus grand des sorciers.

"Regarde-moi, je suis digne d'un tableau dans la grande galerie de Poudlard." Mais son miroir préféré, c'était l'œil des autres. Il aimait être admiré, complimenté, regardé. Plus que la magie, c'était ce regard qui nourrissait sa puissance.

Un spectacle permanent

Chaque parole, chaque action était un spectacle. Il lançait des sorts avec panache, racontait ses exploits avec art, et s'assurait que tout le monde savait à quel point il était exceptionnel.

Aux cours de duel, il ne cherchait pas seulement à gagner : il voulait dominer la scène. Quand il levait la baguette, même les portraits semblaient retenir leur souffle.

Le roi des apparences

Le narcissique portait ses robes comme une armure, toujours impeccables, toujours brillantes. Son sac était orné de badges, ses chaussures parfaitement cirées. Car il savait : dans le monde des sorciers, l'apparence est une forme de magie.

Mais derrière ce masque scintillant, se cachait souvent une inquiétude secrète. "Et si on découvrait que je ne suis pas aussi extraordinaire que je le prétends ?"

Les autres comme miroir

Il choisissait ses amis comme on choisit des reflets dans un miroir magique. Ceux qui le reflétaient, l'admiraient, amplifiaient sa lumière. Mais il pouvait aussi se montrer cruel. Un regard dédaigneux, un sourire froid, et la relation s'effaçait comme un sort mal lancé.

Un cœur souvent isolé

Le narcissique brille mais il est souvent seul. Car il attend des autres qu'ils soient des spectateurs, jamais des partenaires. Il peut aimer mais seulement s'il est aimé en retour, de manière égale ou plus forte. Dumbledore disait : "Le véritable pouvoir ne vient pas de l'admiration des autres, mais de la paix avec soi-même."

Conclusion – L'étoile solitaire

Le narcissique est une étoile dans la nuit de Poudlard : Il éclaire tout autour, il fascine, il impressionne. Mais il brûle souvent dans sa propre lumière, incapable de s'éteindre pour laisser les autres briller.

Et pourtant, derrière ce miroir enchanté, il y a un être humain, avec ses forces, ses faiblesses, et le désir secret d'être aimé non pas pour ce qu'il montre, mais pour ce qu'il est.

L'Évitant – L'Ombre de Poudlard

Dans les vastes couloirs de Poudlard, où les rires s'élèvent comme des enchantements et les regards s'accrochent comme des sortilèges, il existe une présence discrète. L'élève évitant.

Il ou elle ne marchait pas au centre de la Grande Salle, ni même parmi les bancs des salles communes. Toujours un peu à l'écart, dans une alcôve, derrière un pilier, là où la lumière hésitait à pénétrer.

Un monde protégé

L'évitant n'aimait pas le tumulte. Les regards insistants, les questions indiscrètes, les jugements tacites, tout cela était pour lui une série de pièges invisibles.

Les fêtes de la salle commune ? Trop bruyantes. Les matchs de Quidditch ? Trop d'attention. Les duels ? Trop d'expectatives.

Il préférait les livres, les potions, les créatures magiques. Tout ce qui lui permettait de rester à l'abri, à l'écart.

Le sortilège de la peur

Mais ce n'était pas de la simple timidité. C'était un sortilège plus puissant, celui de la peur du rejet. Il craignait d'être moqué, critiqué, rejeté par ses camarades.

Chaque interaction sociale était un terrain miné, chaque mot un sort potentiellement dangereux. Il rêvait d'amitié, de confiance, mais le chemin semblait toujours bloqué par un mur invisible.

La solitude comme refuge

Dans sa chambre, il trouvait un peu de paix. Son monde était fait de parchemins, de plumes, et de philtres tranquillisants. Les portraits lui parlaient doucement, les fantômes le saluaient d'un sourire complice.

Mais parfois, même dans cette solitude choisie, il sentait le poids de l'isolement. Une voix intérieure lui murmurait : "Et si je restais seul à jamais ?"

Un courage méconnu

Car derrière cette apparente fuite se cachait un courage souvent méconnu.

Chaque pas vers les autres était un défi. Chaque sourire timide, un triomphe.

Dumbledore disait souvent : "La bravoure ne réside pas toujours dans les batailles éclatantes, mais parfois dans le silence d'un cœur qui ose malgré la peur."

L'espoir d'un lien

Un jour, il arrivera peut-être qu'un camarade pose la main sur son épaule sans attendre un mot. Qu'un regard ne juge pas mais comprenne. Que le sorcier ou la sorcière évitante découvre que la magie la plus forte n'est pas dans les sortilèges, mais dans la confiance offerte et reçue.

Conclusion – L'étoile discrète

L'évitant est une étoile cachée derrière les nuages. Il n'a pas besoin d'éblouir pour briller.

Sa lumière est douce, précieuse, et quand on apprend à la voir, elle éclaire plus fort que mille feux d'artifice.

Le Dépendant – L'Enchanteur des Liens

Dans les couloirs sinueux de Poudlard, parmi les éclats de rires et les chuchotements de sortilèges, se trouve une présence qui ne passe jamais inaperçue bien qu'elle ne cherche jamais à l'être.

On l'appelle parfois le Fidèle, d'autres fois le Suiveur. Mais son nom véritable est plus complexe : il est le Dépendant.

Un lien magique

Le Dépendant n'avance jamais seul. Sa magie, fragile et douce, se nourrit de la présence des autres. Il ou elle a besoin d'un ami, d'un mentor, d'un compagnon de duel, quelqu'un qui lui tende la main quand les ombres s'allongent.

Sans ce lien, le Dépendant vacille comme une bougie au vent. Il cherche la sécurité dans l'autre, comme si sans cette lumière partagée, il risquait de s'éteindre.

L'art de s'appuyer

À Poudlard, il n'était pas rare de voir ce sorcier ou cette sorcière marcher juste derrière un camarade plus sûr de lui. Pas par faiblesse, mais par choix : "Tant que tu es là, je peux avancer."

Dans les cours de sortilèges, il préférait les duos aux duels. En potion, il demandait souvent conseil, cherchant à s'assurer que la formule était parfaite.

La peur de l'abandon

Ce qui rongeait le cœur du Dépendant, c'était la peur profonde d'être laissé seul. Le sentiment que si l'autre disparaissait, le château immense et mystérieux deviendrait un labyrinthe sans issue.

Les absences soudaines de ses amis lui faisaient l'effet d'un sortilège de confusion : tout devenait flou, incertain, dangereux.

Un courage tendre

Mais loin d'être simplement faible, le Dépendant possédait une force invisible. La force d'oser demander de l'aide, d'avouer ses doutes, d'aimer sans réserve. Dumbledore lui-même admirait ce courage : "Il faut un grand cœur pour reconnaître que l'on ne peut tout porter seul."

Le secret du lien

Car le secret du Dépendant, c'est que sa magie est avant tout magie des liens. Lorsqu'il est entouré, il devient un allié fidèle, un soutien précieux. Son pouvoir grandit dans la confiance partagée, dans la force des amitiés sincères.

Conclusion – Le cœur du cercle

Le Dépendant est comme le cœur d'un cercle d'amis à Poudlard : Invisible quand on le cherche seul, mais essentiel pour que tout tienne ensemble.

Il nous enseigne que parfois, la plus grande magie réside dans le fait de s'appuyer sur les autres et de les laisser s'appuyer sur soi.

Le Compulsif – Le Maître des Rituels

À Poudlard, il existait une élève ou un élève dont la réputation n'était plus à faire. On l'appelait souvent le Maître des Rituels, ou parfois, moins gentiment, le Sorcier de la Perfection.

Son sac était toujours impeccablement organisé, ses parchemins alignés au millimètre près, ses potions toujours préparées selon un protocole précis, répété à l'infini.

La magie du contrôle

Le Compulsif était fasciné par l'ordre et la maîtrise. Chaque sort devait être lancé avec exactitude, chaque geste répété jusqu'à la perfection. Un échec, un détail oublié, une erreur de formule, et c'était comme si un maléfice venait assombrir sa journée.

Dans la salle commune, il répétait encore et encore ses incantations, grattant le sol de la pointe de sa baguette, comme pour chasser une imperfection invisible.

L'écho des rituels

Pour lui, la magie n'était pas seulement une affaire de puissance, mais de rituel sacré. Il croyait que l'ordre extérieur pouvait protéger de la confusion intérieure. Son carnet de notes ressemblait à un grimoire ancien, rempli de listes, de plans, d'horaires précis.

Les professeurs disaient souvent : "Il ou elle est doué·e, mais parfois prisonnier·ère de ses propres règles."

Le poids de la perfection

Ce qui le rongeait parfois, c'était l'angoisse de ne jamais être assez parfait·e.
Il avait peur que la moindre imperfection entraîne une catastrophe.
Alors il recommençait, revérifiait, classait… au point que cela pouvait l'empêcher de profiter de la magie elle-même.

Un cœur de pierre ou presque

Sous cette armure d'ordre et de contrôle se cachait un cœur sensible. Un cœur qui craignait le chaos, mais qui aspirait aussi à la liberté. Dumbledore disait souvent : "La vraie magie n'est pas dans la perfection des gestes, mais dans la beauté des imperfections acceptées."

Conclusion – Le magicien en quête d'équilibre

Le Compulsif est un artisan de la magie, un bâtisseur de rituels, un gardien du détail. Son défi est d'apprendre à laisser un peu de place au désordre, à la surprise, à l'erreur.

Car même dans la magie, parfois, c'est dans le chaos que naissent les plus beaux enchantements.

Le Passif-Agresseur – Le Maître des Sorts Dissonants

Dans les couloirs sombres de Poudlard, parmi les chuchotements et les rires feutrés, évoluait une silhouette mystérieuse, difficile à cerner. On la nommait parfois l'Ombre Souriante ou le Maître des Sorts Dissonants. Car sous son sourire calme se cachaient des éclairs invisibles.

Le charme des mots voilés

Le Passif-Agresseur manie les mots comme une baguette : parfois doux et caressants, parfois aiguisés comme un poignard invisible. Il ne lance jamais de sort ouvertement hostile, mais ses remarques sont des énigmes empoisonnées.

Quand il dit : "Oh, quelle idée intéressante", c'est souvent un sortilège à double tranchant, laissant ses victimes perplexes et blessées.

Un duel silencieux

Au lieu de confronter directement, il préfère les sortilèges indirects : silences lourds, sourires glacés, ou aides accordées avec un grain de sel magique.

Ses alliés peuvent se sentir pris dans un labyrinthe d'émotions contradictoires, ne sachant jamais vraiment où se trouve la frontière entre gentillesse et hostilité.

Le secret du masque

Le Passif-Agresseur cache souvent une profonde vulnérabilité. Derrière sa façade polie se cache un sorcier qui craint la confrontation, mais ne peut contenir sa colère autrement.

Comme un Patronus qui change de forme, ses véritables sentiments sont parfois camouflés, transformés en charmes subtils, à la fois protecteurs et destructeurs.

La magie de l'équilibre

Dumbledore disait : "Il faut du courage pour lever sa baguette avec honnêteté. Et parfois, la magie la plus puissante est celle de la vérité simple."

Le Passif-Agresseur, lui, doit apprendre à maîtriser la force des mots ouverts, à se libérer de ce jeu d'ombres et de doubles sens.

Conclusion – L'énigme du sourire

Le Passif-Agresseur est comme un sortilège complexe, à déchiffrer avec patience. Son sourire cache une histoire, ses mots un combat intérieur. Comprendre sa magie, c'est apprendre à voir au-delà du masque et à offrir un espace où la vérité peut briller.

Le Dépressif – L'Enchanteur des Ombres Silencieuses

Dans les vastes couloirs de Poudlard, où la lumière des chandelles danse sur les murs de pierre, il est un être dont la présence semble douce, mais souvent lourde d'un poids invisible.

On l'appelle parfois l'Enchanteur des Ombres Silencieuses, car sa magie est teintée d'une mélancolie profonde, comme un sortilège que le temps aurait oublié.

La magie des nuages sombres

Le Dépressif porte sur ses épaules un manteau invisible de tristesse. Sa baguette, bien qu'aussi puissante que celle des plus grands sorciers, semble peser d'un poids étrange, comme si ses sorts manquaient parfois d'étincelle.

Il traverse les couloirs avec lenteur, son regard semblant chercher une lumière perdue, un espoir caché sous la pierre froide.

Le silence des jours sans couleur

À Poudlard, même les rires semblent lointains pour lui. Les fêtes, les chants, les sortilèges joyeux résonnent comme des échos dans un rêve lointain. Il ressent chaque moment comme une lourde couverture qui étouffe sa magie intérieure, le laissant isolé dans une nuit sans étoiles.

Le combat intérieur

Mais derrière cette ombre, il y a une lutte silencieuse, un combat que peu voient. Le Dépressif essaie chaque jour de rallumer la flamme de sa magie, de retrouver la couleur dans ses sorts, la chaleur dans ses gestes.

Dumbledore lui-même, avec toute sa sagesse, disait : "Parfois, les plus grands sorciers sont ceux qui affrontent leurs ténèbres sans jamais baisser la baguette."

La lumière cachée

Car la magie du Dépressif est profonde, puissante, même si elle ne brille pas toujours au grand jour. Elle réside dans sa sensibilité, sa capacité à ressentir ce que d'autres ignorent, à comprendre la douleur des âmes blessées.

Son chemin est long, mais chaque pas vers la lumière est une victoire, chaque sourire retrouvé, un enchantement plus fort que mille feux d'artifice.

Conclusion – L'étoile dans la nuit

Le Dépressif est une étoile cachée derrière un voile de nuages. Il apprend à briller à son propre rythme, à faire danser sa magie dans l'ombre, jusqu'à ce que la lumière revienne.

Le Sadique – Le Maître des Ombres Cruelles

Dans les recoins obscurs de Poudlard, là où la lumière peine à percer, se cache une présence redoutée. On le nomme souvent le Maître des Ombres Cruelles, car sa magie porte la trace d'une soif singulière : le plaisir dans la douleur des autres.

La magie du contrôle et de la douleur

Le Sadique trouve dans ses sorts un pouvoir qui dépasse le simple enchantement. Il aime voir trembler, entendre le souffle coupé, sentir la peur vibrer autour de lui comme une aura électrique.

Pour lui, la magie est un jeu où le contrôle total sur autrui est une victoire délicieuse.

Le charme noir

Sous un sourire charmeur, il dissimule un cœur froid, capable de tordre la magie en instruments de tourments. Ses sorts ne blessent pas toujours physiquement, mais souvent psychologiquement, semant la confusion, la peur, l'humiliation.

Ses victimes ressentent un frisson glacé, comme si un sortilège interdit avait été lancé.

Un secret d'ombre

Mais derrière cette cruauté apparente, il y a souvent une blessure cachée, un vide que le Sadique tente de combler par ce pouvoir. Dumbledore, dans sa sagesse infinie, disait : "Même les cœurs les plus sombres portent des cicatrices invisibles. La magie ne doit jamais être une arme pour blesser, mais un pont pour guérir."

La voie du changement

Le Sadique est à un carrefour dangereux : continuer dans l'ombre ou chercher la lumière. Apprendre que la vraie puissance réside non dans la douleur infligée, mais dans la maîtrise de soi et la compassion.

Conclusion – L'ombre au choix

Le Sadique est un sorcier dont la magie peut séduire ou terrifier. Son destin dépendra de la voie qu'il choisira : sombrer dans l'obscurité ou se relever vers la lumière.

Le Sorcier de l'Autosabotage – L'Enchanteur aux Sorts Retournés

Dans les couloirs mystérieux de Poudlard, il y avait un sorcier dont la magie semblait danser entre lumière et ombre, mais souvent, c'était comme si cette magie se retournait contre lui-même.

On l'appelait parfois l'Enchanteur aux Sorts Retournés, car il avait le pouvoir étrange de faire échouer ses propres sortilèges, souvent sans s'en rendre compte.

La magie qui se dérobe

Ce sorcier lançait ses sorts avec conviction, mais parfois, au moment crucial, ses enchantements s'effondraient comme un château de cartes. Il avait cette étrange capacité à saboter ses propres réussites, comme si une malédiction secrète pesait sur lui.

Il hésitait souvent, doutait, et ses sorts, pourtant puissants, se transformaient en fumée ou en échos lointains.

Le duel intérieur

Dans son esprit, un duel invisible faisait rage : le désir ardent de réussir d'un côté, et cette voix intérieure qui murmurait : "Et si tu n'y arrives pas ?" "Et si tu ne mérites pas cette victoire ?"

Ce combat intérieur rendait sa magie fragile, instable.

Le cercle vicieux

Le sorcier de l'autosabotage se retrouvait souvent piégé dans un cercle sans fin : Il essayait, mais ses sorts échouaient, ce qui renforçait ses doutes, qui à leur tour affaiblissaient encore plus sa magie.

Comme un sortilège mal formulé, il se répétait sans cesse, emprisonné dans un labyrinthe de peur et d'incertitude.

La lumière de l'espoir

Mais même au cœur de cette lutte, une étincelle brillait : La possibilité de briser ce cercle, d'apprendre à croire en sa propre magie. Dumbledore rappelait souvent : "Le plus grand sortilège est celui que l'on lance sur soi-même, celui de la confiance."

Conclusion – L'enchantement du changement

Le sorcier autosaboteur est un magicien en quête de liberté, un héros qui doit apprendre à transformer ses doutes en forces.

Son aventure est celle d'un voyage intérieur, où chaque pas vers la confiance est un sortilège puissant.

Lexique des eaux troubles de la personnalité

Académie des mystères

L'école secrète où Elandor apprend à explorer les profondeurs de la personnalité et à maîtriser la magie intérieure. Symbolise le lieu de l'apprentissage et de la transformation.

Abysses intérieurs

Métaphore des parties cachées et profondes de la psyché, souvent difficiles à atteindre, où résident peurs et vérités enfouies.

Cercle des Eaux

Communauté fondée par Elandor et ses disciples, dédiée au partage, à l'écoute et à la guérison des eaux troubles. Symbole de solidarité et d'acceptation collective.

Eaux troubles

Image centrale du livre représentant les émotions complexes, les contradictions internes, les blessures et les forces cachées qui composent la personnalité.

Graine d'Absolu

Épreuve initiatique à l'Académie, symbolisant la naissance d'un potentiel intérieur unique et le début du chemin vers la connaissance de soi.

Lumière intérieure

Force née de l'acceptation et de la compréhension de ses eaux troubles, source de courage, de sagesse et d'authenticité.

Ombres

Les peurs, doutes, blessures et aspects refoulés de la personnalité. Plutôt que d'être niées, elles doivent être affrontées et intégrées.

Rituel du Chant des Eaux

Cérémonie où le Cercle des Eaux chante ensemble pour harmoniser leurs émotions et renforcer leur lien. Représente la puissance de la communauté et de la voix collective.

Traversée des Ombres

Phase difficile du parcours d'Elandor, où il confronte ses peurs les plus profondes. Métaphore du travail psychologique nécessaire pour grandir.

Vortex intérieur

Tempête émotionnelle et mentale, moment de crise avant la transformation. Symbolise les turbulences internes avant l'éveil.

Lexique des troubles de la personnalité

1. ***Trouble de la personnalité***

Mode durable de fonctionnement interne et de comportement qui diffère significativement des attentes de la culture de la personne, rigide, stable dans le temps, et engendrant souffrance ou altération du fonctionnement.

2. ***Personnalité***

Ensemble des caractéristiques psychologiques, émotionnelles et comportementales qui déterminent le mode de relation d'une personne avec elle-même et les autres.

3. ***Trouble de la personnalité borderline***

Trouble caractérisé par une instabilité des émotions, des relations interpersonnelles chaotiques, une image de soi fluctuante et une impulsivité marquée.

4. ***Trouble de la personnalité narcissique***

Caractérisé par un sens grandiose de sa propre importance, un besoin d'admiration et un manque d'empathie pour autrui.

5. ***Trouble de la personnalité antisociale***

Trouble marqué par un mépris et une violation des droits d'autrui, souvent accompagné de comportements impulsifs et manipulateurs.

6. ***Trouble de la personnalité évitante***

Caractérisé par une peur intense du rejet, de la critique, et une tendance à éviter les interactions sociales par peur d'être humilié.

7. ***Trouble de la personnalité dépendante***

Manifesté par un besoin excessif d'être pris en charge, une soumission aux autres et une peur intense de la séparation.

8. Trouble de la personnalité obsessionnelle-compulsive (compulsive)

Caractérisé par une préoccupation excessive pour l'ordre, le contrôle, la perfection, au détriment de la flexibilité et de la spontanéité.

9. Trouble de la personnalité histrionique

Personnalité dramatique, théâtrale, cherchant constamment à attirer l'attention et à susciter l'émotion.

10. Trouble de la personnalité paranoïaque

Caractérisé par une méfiance excessive, une suspicion injustifiée envers les autres, et une tendance à interpréter les actions d'autrui comme hostiles.

11. Trouble de la personnalité schizotypique

Trouble marqué par des pensées et comportements excentriques, des croyances bizarres, et des difficultés relationnelles.

12. Trouble de la personnalité schizoïde

Caractérisé par un détachement des relations sociales et une gamme émotionnelle restreinte.

13. Impulsivité

Tendance à agir sans réfléchir aux conséquences, souvent présente dans plusieurs troubles de la personnalité.

14. Instabilité émotionnelle

Variations rapides et intenses des émotions, fréquentes dans le trouble borderline.

15. Méfiance

Attitude suspicieuse ou défiance à l'égard des intentions d'autrui, souvent dans le trouble paranoïaque.

16. *Empathie*

Capacité à comprendre et partager les sentiments d'autrui, souvent réduite dans certains troubles (ex : narcissique, antisocial).

17. *Autosabotage (self-defeating)*

Comportements inconscients qui entravent la réussite ou le bien-être personnel.

18. *Comportement manipulateur*

Utilisation d'autrui à des fins personnelles, souvent avec tromperie ou exploitation.

19. *Dissociation*

État psychique où certaines pensées, émotions ou souvenirs sont déconnectés de la conscience, parfois observé dans les troubles borderline.

20. *Stigmatisation*

Processus social négatif associant un individu à une caractéristique dévalorisante (ex : trouble mental).

Références des eaux troubles de la personnalité

Œuvres littéraires et inspirations

Rowling, J.K. Harry Potter (série complète). Bloomsbury, 1997-2007.
Source d'inspiration majeure pour le style magique, la construction de l'univers et la quête initiatique.

Campbell, Joseph. Le Héros aux mille et un visages. Princeton University Press, 1949.
Étude des mythes et des archétypes du héros, fondement de la structure narrative du voyage d'Elandor.

Jung, Carl Gustav. L'homme et ses symboles. Aldus Books, 1964.
Exploration des symboles et des profondeurs de l'inconscient, inspiration pour les métaphores des eaux troubles et des ombres.

Psychologie et développement personnel

Neumann, Erich. The Origins and History of Consciousness. Princeton University Press, 1949.
Analyse du développement de la conscience humaine, appui théorique des thèmes de transformation intérieure.

Rumi, Jalâl ad-Dîn Muhammad Balkhî. Le Livre des secrets. Traduction et interprétation contemporaine.
Poésie mystique sur l'acceptation de soi et la quête spirituelle.

Brown, Brené. The Gifts of Imperfection. Hazelden Publishing, 2010.
Approche contemporaine sur la vulnérabilité, le courage et l'authenticité.

Philosophie et spiritualité

Hesse, Hermann. Siddhartha. 1922.
Roman initiatique sur la recherche de la vérité intérieure et la sagesse.

Thich Nhat Hanh. Le Miracle de la pleine conscience. Parallax Press, 1975.
Enseignements sur la pleine conscience et l'acceptation des émotions.

Références des troubles de la personnalité

Ouvrages de référence

1. American Psychiatric Association (2013). Diagnostic and Statistical Manual of Mental Disorders (5th ed.) – DSM-5. Washington, DC: APA.

La référence incontournable pour le diagnostic des troubles de la personnalité.

2. Millon, T., & Davis, R. D. (1996). Disorders of Personality: DSM-IV and Beyond (2nd ed.). New York: Wiley.

Un ouvrage fondamental pour comprendre les différentes typologies de troubles de la personnalité.

3. Kernberg, O. F. (2016). Borderline Conditions and Pathological Narcissism. New York: Jason Aronson.

Une étude approfondie des troubles borderline et narcissiques.

4. Clarkin, J. F., Fonagy, P., & Gabbard, G. O. (2018). Psychotherapy for Borderline Personality Disorder: Mentalization-Based Treatment. Arlington, VA: American Psychiatric Publishing.

Un guide thérapeutique majeur

5. Torgersen, S. (2005). Personality Disorders. In J. Oldham, A. Skodol & D. Bender (Eds.), Textbook of Personality Disorders. Washington, DC: APA.

Un texte académique complet sur les troubles de la personnalité.

Articles académiques

6. Widiger, T. A., & Trull, T. J. (2007). Plate tectonics in the classification of personality disorder: shifting to a dimensional model. American Psychologist, 62(2), 71–83.

Discussion sur les approches dimensionnelles vs catégorielles.

7. Hopwood, C. J., & Thomas, K. M. (2017). Personality disorders. Annual Review of Clinical Psychology, 13, 317–344.

Revue récente synthétisant les avancées dans le domaine.

8. Livesley, W. J. (2010). Conceptual and taxonomic issues in personality disorder research. Psychological Medicine, 40(9), 1477–1486.

Questions fondamentales sur la classification.

Ressources en ligne

9. Organisation Mondiale de la Santé (OMS). Classification internationale des maladies (CIM-11). Disponible sur : https://icd.who.int

Version internationale pour la classification des troubles.

10. National Institute of Mental Health (NIMH). Personality Disorders. Disponible sur : https://www.nimh.nih.gov/health/topics/personality-disorders

Informations vulgarisées mais fiables sur les troubles de la personnalité.

Ouvrages francophones

11. F. Guelfi & J. Aouizerate (2019). Les troubles de la personnalité. Paris : Masson.

Une référence en français, synthétique et accessible.

12. M. Beck, M. Widlöcher (2007). Les troubles de la personnalité : concepts et pratiques. Paris : Dunod.

Approche clinique et thérapeutique.

Kolibri 360 GmbH
Ferdinand-Jühlke-Straße 7
99095 Erfurt, Deutschland
produktsicherheit@kolibri360.de

Druck:
CPI Druckdienstleistungen GmbH
im Auftrag der
Kolibri 360 GmbH
Ferdinand-Jühlke-Str. 7
99095 Erfurt